Postkarte mit verschiedenen Motiven um 1900. Gezeigt werden die Kirche, der Capellenberg mit dem Aussichtsturm, das Hotel Broermann sowie das Gut Caldenhof.

Weitere Postkartenmotive mit dem alten Ostercappelner Bahnhof, dem Gasthof zum Deutschen Herold, seinem Garten an der Eisenbahnlinie und einer Gesamtsicht auf Ostercappeln.

Wolfgang Huge

Ostercappeln

Gogericht und Sommerfrische

Impressum

Fotografien und Repros: Dr. Wolfgang Huge

Copyright © Dr. Wolfgang Huge 2012

Herstellung und Verlag: BoD - Books on Demand
D-22848 Norderstedt

ISBN 978-3-8482-0657-5

Inhaltsverzeichnis

Der erste Hinweis auf den Ostercappelner Kirmes entstammt einer Akte des Niedersächsischen Staatsarchivs Osnabrück aus dem Jahr 1666.

Erste urkundliche Erwähnung von Ostercappeln

Von der Gründung des „Weichbildes" Ostercappeln weiß die Überlieferung zu berichten, dass Karl der Große nach einer siegreichen Schlacht gegen Wittekind im Lehmsiek bei Ostercappeln zur Festigung des christlichen Glaubens in diesem Gebiet den Bau der Ostercappelner Kapelle befohlen habe. Ihre Fertigstellung soll um das Jahr 816 erfolgt sein. Um diese Kapelle sollen sich dann in der Folgezeit Handwerker und Kaufleute angesiedelt und so die Urzelle der Ortschaft gebildet haben. Später wurde die Ansiedlung zum Mittelpunkt der umliegenden Bauerschaften und entwickelte sich zum Ort „Ostercappeln". Allerdings sind keine Akten bekannt, die diese Geschichte belegen. So bleiben die Ursprünge Ostercappelns auch weiterhn im Dunkel der Geschichte verborgen. Und es sollte bis um das Jahr 1188 dauern, bis der Ort erstmals urkundlich eine schriftliche Spur hinterlassen würde.

Ostercappeln war zu dieser Zeit noch bischöfliches Lehnsgut auf einem Teil der Herringhauser Mark. Hier soll um 1040 in strategisch günstiger Lage eine der ältesten Kirchen des Wittlager Landes als Wehrkirche errichtet worden sein. In geistlicher und territorialfürstlicher Hut entstand neben der Kirche das „Weichbild Ostercappeln", also kein Dorf und keine Bauernschaft, sondern ein städtebauliches Gebilde mit eigener Gerichtsbarkeit. Die Bezeichnung „Weich" entstammt dabei von einem alten Wort für Siedlungen, und rechtshistorisch bezeichnet die noch von Johann Wilhelm du Plat benutzte Bezeichnung „Weichbild" (alte Form „Wigbold") den vor den eigentlichen Stadtmauern gelegenen Bezirk, der der städtischen Gerichtsbarkeit unterworfen war. Ostercappeln galt im 17. und 18. Jahrhundert als „Flecken" und stand lange mit Iburg, Melle und Vörden auf gleicher Stufe. 1359 wurde es Sitz des Gogerichts „up der Angelbeke unde to Ostercappeln" für die Kirchspiele Ostercappeln, Venne, Essen, Barkhausen, Lintorf, Oldendorf, Börninghausen, Dielingen, Wehdem und Burlage. Das war um die Zeit, als die beiden Amtsburgen Wittlage und Hunteburg als äußere Wehrposten des Fürstbistums Osnabrück errichtet wurden.

Eine interessante Quelle zur Geschichte Ostercappelns liefert eine alte Karte aus den Jahren 1784 - 1790, auf welcher der bereits genannte Johann Wilhelm du Plat den Kirchhof des Ortes zusammen mit den namentlich aufgeführten 57 Anwesen und Hofstellen Ostercappelns in einem detaillierten Ortsplan festgehalten hat, der zudem 9 weitere „auswärtige" Hofstellen ausweist.

Der Lageplan von Johann Wilhelm du Plat aus den Jahren 1784–1790 zeigt Ostercappeln und seine Zufahrtswege gegen Ende des 18. Jahrhunderts.

Verwaltung durch die Ämter Hunteburg und Wittlage

Verwaltungstechnisch war Ostercappeln wie Schwagstorf, Venne, Herringhausen und Bohmte ursprünglich an das Amt Hunteburg angeschlossen. In Hunteburg am Amtssitz hatte der Osnabrücker Bischof 1324 die Hunteburg erbauen lassen, die der 1309 im Osten des Stiftes zur Festigung der Landeshoheit und zum Schutz des Landes gegen Feinde errichteten Burg Wittlage zur Seite gestellt wurde. Bereits 1323 war mit den Arbeiten zum Bau der Hunteburg begonnen worden. Sie sollte das Bistum insbesondere gegen das zum Niederstift Münster gehörende Amt Vechta und gegen das Bistum Minden schützen. Außerdem wollte der Bischof durch ihren Bau den Weg von Osnabrück über Dielingen in die Grafschaft Diepholz und weiter nach Bremen gegen etwaige Feindseligkeiten der Diepholzer Grafen sichern. Die Verteidigung der Burg übernahmen Burgmänner. Johann van Bück war von 1352 bis 1357 der erste Burgmann auf der Hunteburg. Unter Bischof Dietrich von Hörne (1376 bis 1402) erlebte die Burg ihre Glanzzeit.

Das Amt Hunteburg, das 1378 erstmals in einem Dokument als solches bezeichnet wird, umfasste die Kirchspiele Venne und Ostercappeln, zu dem auch Bohmte und Hunteburg gehörten. Von Beginn an bestand jedoch ein gewisser Zusammenhang zwischen dem Amt Hunteburg und dem 1357 erstmals genannten Amt Wittlage, nicht zuletzt wegen des Sitzes des gemeinsamen Gogerichts in Ostercappeln, das 1505 aus den Händen der von Bar in bischöflichen Besitz überging und als Untergericht bis zu seiner Auflösung 1852 für beide Amtsbezirke zuständig blieb. Vor diesem Hintergrund hatte man die beiden Ämter bereits 1556 einem gemeinsamen Drosten unterstellt, so dass sie von nun an in Personalunion verbunden waren. Die Zugehörigkeit des Amtes Hunteburg zum Stift Osnabrück zog Ostercappeln bereits frühzeitig in politische und kriegerische Konflikte hinein.

So lag Bischof Erich I. von Hoya (1437 bis 1442) seit seinem Amtsantritt mit dem Senior des Domkapitels in Streit. Bald verbündete sich der Bischof mit seinem Bruder Johann, Graf von Hoya. Als im Jahre 1441 die Stadt den Senior aufnahm, schickte Graf Johann von Hoya der Stadt den Fehdebrief. Nachdem der Graf die Stadt durch Raubzüge geschädigt hatte, gewann er auch seinen Bruder, den Bischof von Osnabrück, und Albert, Bischof von Minden, und viele andere Adlige für die Fehde gegen die Stadt Osnabrück. Unter jenen Adligen befand sich auch Hermann von der Streithorst zu

Hunteburg. Doch die Osnabrücker eroberten die Stiftsburg Fürstenau und setzten den Grafen Johann von Hoya gefangen, während dessen Bruder Albert, Bischof von Minden, die Hunteburg einnahm und von da aus Stadt und Land schädigte.

Dann gewannen die Osnabrücker nacheinander die Stiftsburgen Vörden, Wittlage und Iburg zurück. Nun waren nur noch die Burg Grönenberg und die Hunteburg in Feindes Hand. Da ließ der Erzbischof von Köln auf Bitten des Rates und des Domkapitels zu Osnabrück Bischof Erich durch die Baseler Kirchenversammlung von 1442 absetzen. Nun berief die Kirchenversammlung Heinrich von Mors auf den Osnabrücker Bischofstuhl. Zuerst eroberte er die Burg Grönenberg zurück, dann zog er vor die Hunteburg. Am Fronleichnam 1442 wurde der Flecken Hunteburg eingenommen. Die Stiftsburg mit den tiefen, breiten Gräben, einem festen Plankenbollwerk und mit einem starken Turm und Haus schloss man von allen Seiten ein. Die tapfere Besatzung hielt der Belagerung und den Angriffen jedoch lange Zeit stand. Einer der Verteidiger, Gerhard von Vincke, hatte sich in den Burggraben gesetzt, wobei er unter dem Schutz eines Wasserpflanzenblattes Atem holte. So beobachtete er, im Wasser hockend, die Bewegungen der Belagerer und teilte sie der Burgbesatzung laufend mit. Ihr Widerstand war zunächst erfolgreich. Aber der Ersatz, den Bischof Albert von Minden versprochen hatte, blieb aus. Der Lebensmittelvorrat auf der Burg schrumpfte von Woche zu Woche, von Monat zu Monat zusammen, und die hereinbrechende Winterkälte erschwerte den zähen Widerstand. Dann, in einer regnerischen und stürmischen Januarnacht, verließ die Besatzung heimlich die Burg und entkam unbemerkt. Nach sechsmonatiger Belagerung fiel endlich die letzte Stiftsburg wieder in die Hände der Osnabrücker.

Unter dem später anbrechenden 40-jährigen Krieg zwischen Spanien und den Niederlanden und dem 1618 beginnenden 30-jährigen Krieg mit ihren Plünderungen und Brandschatzungen hatten sowohl Hunteburg als auch Ostercappeln zu leiden. Auf einem Landtag zu Osnabrück im selben Jahr, 1618, beschlossen die Landstände, die verfallene und durch einen Sturm inzwischen dachlos gewordene Hunteburg ganz niederzulegen. Von der früheren Burg ist nur eine steinerne Brücke aus dem Jahre 1424 erhalten geblieben. Sie überspannt die Reste des früheren Burggrabens, der in die „Alte Hunte" mündete. Im Jahre 1884 stieß man bei Abbrucharbeiten auf ein Fundament 25 Meter westlich des Amtshauses. Das Fundament bildete ein Geviert von 1.410 Fuß Seitenlänge und gehörte sicherlich zu einem Turm. Dieser muss vom Wasser umspült gewesen sein, da etwa drei Meter davon entfernt der Verlauf eines alten Grabens festgestellt wurde, dessen Ufer durch Pfähle und Reisigbündel befestigt gewesen waren. So endet 1618 die Geschichte der Hunteburg.

An ihrer Stelle wurde im Jahre 1725 das Amtshaus gebaut, und das Amt Hunteburg blieb bis zu seiner offiziellen Einfügung in das Amt Wittlage 1859 formal bestehen, obwohl seine Verwaltung längst auf die Burg Wittlage gezogen war, wo die Angelegenheiten beider Ämter gemeinsam geregelt wurden.

Es waren vermutlich strategische Überlegungen, welche die Bischöfe von Osnabrück veranlassten, die beiden Amtsburgen in Wittlage und Hunteburg anzulegen und als Vorposten an seine Grenzen vorzuschieben. Die Entwicklung der territorialen Verwaltung und die Nichtberücksichtigung des Weichbildes Ostercappeln stoppten damals dessen Entwicklung zur Stadt.

Und so blieb Ostercappeln ein kleines Wigbold mit eigener Mark, zu der in Außenlage nur wenige vereinzelte Höfe lagen. Im ausgehenden 18. Jahrhundert hatte sich um die Kirche eine Kirchhofsburg gebildet, die den Kern des Ortes ausmachte. Um den rechteckigen Kirchplatz herum gruppierten sich die Kirchhöfer, deren Häuser auf ehemalige Spiker zurückgingen, wie dies in Bezeichnungen wie Gildespieker oder Meyers Spiker zum Ausdruck kam. Eine weitere Gruppe bildeten die „Wördener", Inhaber der Wortstätten, die von dem Grundherrn an die Siedler gegen den Wortzins ausgegeben waren, wie dies nach Wigboldrecht üblich war. Die den Kirchhöfern und Wördenern gehörigen Ländereien waren zumeist Klein- und Nebenbetriebe, im Halbkreis um den Kirchhof verstreut.

Auch die verkehrsgeographisch eigentlich eher günstige Lage an den beiden Pforten, den Durchbruchstälern von Lecker Mühle und der Krebsburg, war durch die Bildung der beiden Ämter Wittlage und Hunteburg und die Verlagerung des wirtschaftlichen Schwerpunktes weiter in das Amt Wittlage hinein entwertet worden und hatte die Entwicklung des Gewerbes behindert. Nichtlandwirtschaftliche Rohstoffe fehlten ganz. Und als die Hausgewerbe (Leinenweberei, Tabakspinnerei, Seilerei, Böttcherei, Korbmacherei) im 19. Jahrhundert nach und nach fast vollständig eingingen und sich nur wenige kleinere Nahrungsmittel- und Textilbetriebe (Kleiderfabrik) entwickeln konnten, blieb vielen Menschen aus Ostercappeln nur die Auswanderung in die „Neue Welt" Amerikas, die hier um 1830 relativ früh einsetzte.

Bei der Linienführung der um 1870 gebauten Bahnstrecke Bremen - Osnabrück - Köln wurde der Standort Bohmte bevorzugt. Die Strecke selbst führte an Ostercappeln vorbei, und der Bahnhof Ostercappeln war vom Ort aus nur nach kurvenreichem und steilem Überschreiten der Egge mit einem Umweg von 2 km zu erreichen.

Infolge der Entwicklung von Bohmte zum Verkehrsknotenpunkt des Wittlager Landes wurde Ostercappeln noch stärker an den Kreisrand gerückt als früher. Wegen seiner schönen Lage am Südhang des Wiehengebirges hat sich Ostercappeln im späten 19. Jahrhundert zu einer „Sommerfrische" entwickelt, wodurch das Gewerbe, allen voran die Gaststätten und Gasthöfe des Ortes, eine Belebung erfuhr. Als Urlaubs- und Erholungsort mit gesunder Waldluft zog Ostercappeln auch nach 1900 noch viele Gäste an, die teilweise mit der Eisenbahn am für die Verhältnisse des Ortes durchaus „prunkvollen" Bahnhof ankamen, um in einem der Ostercappelner Hotels und Gasthöfe als Urlaubsgäste unterzukommen. 1904 öffnete das Kurheim St. Raphaelstift seine Pforten, und bis 1938 zählte der allgemeine Kurbetrieb zahlreiche Gäste. Nach dem Zweiten Weltkrieg gingen die Besucherzahlen jedoch zurück, und in den 1960er Jahren fand auch diese Einnahmequelle ihr ein jähes Ende, als die Gäste aus dem Ruhrgebiet in immer stärkerem Maße mit dem eigenen Pkw an die deutsche und niederländische Nordseeküste oder in die nordrheinwestfälischen Mittelgebirge auswichen.

Im 15. und 16. Jahrhundert hatte die allgemeine Landnot zur Errichtung von kleinen Bauernstellen geführt. Die Übervölkerung nahm mit der Zeit auf dem engen Raum Ostercappelns unerträgliche Formen an. Nicht zuletzt deshalb setzte die Auswanderung hier besonders früh ein und nahm großen Umfang an. Ostercappeln hatte schon seit langem die größte Bevölkerungsdichte im Kreisgebiet, zählte aber 1651 kurz nach dem Dreißigjährigen Krieg als katholische Gemeinde nur noch 265 Einwohner. Bis 1821 stieg die Anzahl der Einwohner auf 516 (was 147 Einwohner je qkm entsprach), um 1885 waren es bei Gründung des Landkreises Wittlage dann 689, und 1905 war der Ort dann bis auf 777 gemeldete Personen angewachsen. Nach dem Zweiten Weltkrieg bewegten sich die Einwohnerzahlen 1958 bei 1.764 Einwohnern, was einer Dichte auf 503 Einwohner je qmk entsprach, ein Wert, der sich bis 1961 noch leicht erhöhte, als insgesamt 1.834 Personen in Ostercapplen gemeldet waren. Seither hat sich die Anzahl der Einwohner der Ortschaft nochmals fast verdoppelt: 2010 lebten in Ostercappeln 3.264 Personen, was ein deutliches Wachstum auch in jüngerer Zeit anzeigt.

Postkarte aus Ostercappeln von 1899. Damals zierten noch bunte Lithographien die Karten, die von vielen Personen gesammelt wurden.

Die Kirchengeschichte Ostercappelns

Die Kirchengeschichte Ostercappelns führt zurück ins frühe Mittelalter. Der Überlieferung nach soll sie in einem engen Zusammenhang mit der Missionierung der ehemals hier ansässigen Sachsen stehen, die nach der Unterwerfung durch Kaiser Karl den Großen erfolgte. Nach seiner gewaltsamen „Bekehrung" seines Widersachers, des Sachsen-Herzogs Widukind, veranlasste er die Gründung des Bistums Osnabrück, das er 803 mit Grundbesitz und Immunität (Ausnahme von der weltlichen Gerichtsbarkeit), Befreiung von Steuerpflichten und weiteren Sonderrechten ausstattete. Zudem regte er den Ausbau der ehemaligen Missionsstation zu einer Ausbildungsschule für den priesterlichen Nachwuchs an und legte so die Grundlage zur Bischofstadt Osnabrück mit dem 1804 gegründeten „Gymnasium Carolinum", einer Schule für Griechisch und Latein, die dazu beitragen sollte, dass es nie an Klerikern fehle, die beider Sprachen mächtig sind. Hinzu kamen die Gründungen von Missionszellen, zu denen wohl auch Ostercappeln gehörte.

Und so soll im Auftrag Karls des Großen 816 östlich von Osnabrück eine schlichte Holzkapelle eingerichtet worden sein, auf die der Name Oster-Cappeln zurückgeht. Im Eingangsbereich der Kirche finden sich daher Statuen von Karl dem Großen sowie von Bischof Wiho, dem ersten Bischof von Osnabrück. Das Patronat des Heiligen Lambertus, eines Bischofs von Maastricht, verweist auf die Missionierung durch flämische Mönche im 9. Jahrhundert. Die Kapelle soll im 11. Jahrhundert durch einen Steinbau ersetzt worden sein, von dem bis heute der romanische Turm Zeugnis gibt. 1470 wurde dieser Bau zu einer Kreuzkirche umgebaut und der Turm umgestaltet. 1872 wurde die romanische Kirche bis auf den Turm abgerissen und durch eine neugotische Hallenkirche nach Vorgaben des Architekten J. B. Hensen ersetzt, die am 11. Dezember 1873 von dem aus Ostercappeln stammenden Bischof Johannes Heinrich Beckmann geweiht wurde.

Von dieser langen Geschichte zeugen so manche Kunstwerke in ihrem Inneren. Der Taufstein ist das älteste dieser religiösen Insignien in der St. Lambertus-Kirche. Er stammt vermutlich aus dem 13. Jahrhundert und hat die Form eines sich weitenden Fasses mit profiliertem Fuß. Dargestellt ist auf der Vorderseite der Kirchenpatron Lambertus, erkennbar an der Bischofsmütze und am Hirtenstab. Die Deutung der beiden anderen Figuren ist schwierig und umstritten. Möglicherweise ist das Brandopfer des

1954 enstand diese Aufnahme des Ostercappelner Kirchplatzes mit der 1872/73 neu gestalteten katholischen St. Lambertus-Kirche im Hintergrund.

Die zwischen 1913 und 1914 erbaute Pauluskirche der evangelischen Kirchengemeinde Ostercappelns lag unmittelbar an der durch den Ort führenden Bundesstraße 51, die hier in einer scharfen Kurve vor dem Gebäude her führte.

Zaccharias im Tempel dargestellt, bei dem er dem Erzengel Gabriel begegnet. Die ursprüngliche farbliche Fassung des Taufsteins ist verloren gegangen. Ebenfalls aus der Zeit der Romanik stammt ein altes Triumphkreuz, das nun in der Turmkapelle hängt. Stilistisch dem großen Triumphkreuz im Osnabrücker Dom verwandt, zeigt es Christus bereits als Auferstandenen mit geöffneten Augen und einem weißen Gewand. Die Medaillons an den Enden des Kreuzbalkens, der sehr viel jüngeren Datums ist, zeigen biblische und mythologische Szenen, die auf die Auferstehung verweisen. Bekannt ist auch das Relief von Karl dem Großen mit Schwert und Zepter, die er beide schonungslos einsetzte, um die Sachsen zu christianisieren.

Für die evangelischen Christen des katholisch geprägten Kirchspiels Ostercappeln wurden lutherische Gottesdienste seit 1524 in der später erweiterten Gutskapelle auf Arenshorst gefeiert. Da viele Gemeindeglieder sehr weite und beschwerliche Kirchwege zurücklegen mussten, wurde 1909 eine so genannte Kollaboratur unter einem Hilfspastor in Ostercappeln eingerichtet. Die sonntäglichen Gottesdienste wurden im Saal des Gasthauses Mönter gefeiert. Gleichzeitig wurde ein Kirchbauverein gegründet, der sehr erfolgreich Spenden einwarb, und ein Gemeindeglied stellte ein schönes Grundstück für die Kirche zu äußerst günstigen Bedingungen zur Verfügung. 1912 wurde der Osnabrücker Architekt L. Gürtler beauftragt, eine Kirche zu entwerfen. Der Grundstein wurde im Juni 1913 gelegt und schon am 26. April 1914 konnte die Einweihung gefeiert werden. Im Jahr 1929 baute das Osnabrücker Unternehmen Gebrüder Rohlfing eine Orgel ein, die das bis dahin genutzte Harmonium ablöste. 1982 wurde die Orgelbauwerkstatt Gustav Steinmann in Vlotho mit dem Einbau einer neuen Orgel in das historische Gehäuse beauftragt.

Die 1914 gebaute Pauluskirche wurde damals als Filialkirche der St. Johannisgemeinde im 8 km entfernten Arenshorst in Dienst genommen. Erst 1965 wurde die Paulus-Kirchengemeinde von der Mutterkirche unabhängig, bekam eine eigene Pfarrstelle und ließ ein Pfarrhaus bauen. 1967 entstand dann mit Geldern der zu diesem Zweck gegründeten Fördergemeinschaft das Gemeindehaus der evangelisch-lutherische Paulus-Kirchengemeinde Ostercappeln.

Im Ort stehen dicht gedrängt kleinstädtische Haustypen um die römisch-katholische Kirche Ostercappelns, die als Nachfolgerin der ältesten Kirche des Kreises die Tradition des Ortes als Kirch- und Gerichtsort verkörpert. In seinen Außenbezirken sind einige ansehnliche Bauernhäuser erhalten, doch ist der Gesamteindruck des Ortes eher kleinstädtisch. Dazu gehört die stille Abgeschiedenheit des Kirchplatzes, der eines historischen Zaubers nicht entbehrt, das geschäftige Leben in den kurzen kleinstädtischen Straßenzügen, das mittlerweile mehrfach stark erweiterte St. Raphael-Stift und die in schöner Südlage am Hange des Kapellenberges sowie dicht am Waldrand ebenso wie an den außerhalb vor dem alten Ort liegenden neuen Wohnviertel von Ostercappeln, die ihm seinen heutigen Charakter vor allem als Wohnstätte im näheren Umkreis von

Osnabrück verleihen. In der Gemeinde Ostercappeln setzen sich die römisch-katholische Kirchengemeinde wie auch die evangelisch lutherische Paulusgemeinde für eine praktizierte Ökumene zwischen römisch-katholischem und evangelisch-lutherischem Glauben ein.

Da mit Ausnahme des St. Raphael-Stiftes (Krankenhaus) und der katholischen St. Lambertus-Kirche zentrale Funktionen höheren Ranges fehlten, blieb der Einzugsbereich Ostercappelns mit Haaren, Nordhausen, Hitz-Jöstinghausen, Schwagstorf sowie Venne mit Broxten, Niewedde und Vorwalde in späteren Zeiten auf einen Bruchteil des einstigen Gogerichtsbezirkes begrenzt. Die kulturelle Bedeutung des Ortes konzentrierte sich forthin auf seine Funktion als katholischer Kirchspielsitz. Ostercappeln ist heute zudem als Schulort sowie als Druck- und Verlagsort (Druckerei J. F. Niemeyer) gefragt. Trotz seiner vielschichtigen Traditionen im Zusammenhang einer katholischen Lebensführung steht Ostercappeln heute ein wenig im Schatten von Bohmte und Bad Essen und ist regional vor allem wegen seines Krankenhauses und der ihm angegliederten Einrichtungen von Bedeutung.

Gut Caldenhof – Geburtshaus von Ludwig Windthorst, als Fotomotiv auf einer Postkarte des Verlags J. F. Niemeyer, Ostercappeln.

Güter und Herrenhäuser um Ostercappeln

In unmittelbarer Nähe des Weichbilds Ostercappeln lagen verschiedene Güter und Herrenhäuser, die sich hier um den Sitz des Gogerichts angesiedelt hatten. In früheren Zeiten sicherten Burgen und mit Gräften umgebene Güter den nordöstlichen Grenzraum des Bistums Osnabrück, zu dem auch die Ämter Hunteburg und Wittlage zählten. Die meisten der erhaltenen Guts- und Herrenhäuser sind ein oder zweigeschossige Bruchsteinwerke aus dem 18. oder 19. Jahrhundert. Von ihren mittelalterlichen Vorgängeranlagen sind häufig nur noch die Gräften oder Reste von Grundmauern vorhanden.

Zu den größeren Gütern um Ostercappeln zählte die am Weg nach Schwagstorf gelegene Krebsburg, die um 1347 als gräflich bentheimisches Lehen Crevetesburg Erwähnung fand. Im Jahre 1408 gelangte ein Statius von Dehem in ihren Besitz, und ab 1500 wurde die einstige Wasserburg zum Besitz der von Stricket gezählt, die in Ostercappeln reich begütert waren. 1545 folgte der Verkauf des verschuldeten Guts unter Vorbehalt des Wohnrechts der von Graevenitz. Für 9.525 Taler erwarb der ostfriesische Edle von Middlum das Anwesen. Erbstreitigkeiten führen bis ins 17. Jahrhundert zum Niedergang des Gutes. 1642 wurde das Herrenhaus als völlig verfallen bezeichnet. Schließlich gelangte der aus Frankreich stammende Heinrich von Morsey-Picard in den Besitz des Gutes. Weitere Besitzer waren von Romberg und ab 1913 von Wendt. Der Vorgängerbau des heutigen, von Gräften umgebenen Herrenhauses lag einige hundert Meter östlich des jetzigen Herrenhauses im sumpfigen Gelände. Auf einer Anhöhe entstand um 1750 das zweistöckige Herrenhaus mit den Wirtschaftsgebäuden. Das Gutshaus mit Satteldach ist über eine zweiläufige Freitreppe zu betreten.

Die Krebsburger Mühle gehörte Anfang des 15. Jahrhundert zum Holtgrevenhof und gelangte dann an das Gut Kuhof. Später zählte die Mühle ebenfalls wie Kuhof zum Besitz der Krebsburg. Von 1876 - 1927 war die Familie Riepe Pächter der Mühle, dann übernahm die Familie Beckmann den Mühlenbetrieb. Der eingeschossige Mühlenbau aus Bruchsteinen wurde im Zuge der Aufhebung der Bahnüberführung „Lehmsiek" abgerissen und an den heutigen Standort umgesetzt.

Das Gut Kuhof selbst liegt versteckt hinter Bäumen unweit der B 51 in Haaren. Das von Gräften umgebene Gut ist im Mittelalter aus einem bäuerlichen Anwesen entstanden. Mitte des 14. Jahrhunderts wurde Kuhof als Lehnsbesitz der einst in Osnabrück

Heute befindet sich die Krebsburg wieder in Privatbesitz. Hier auf einer Aufnahme des Verlags J. F. Niemeyer aus dem Jahr 1958.

Eine Fotografie des Gutes Uhlenbrock wurde 1913 zum Motiv einer Postkarte, ebenfalls aus dem Verlag J. F. Niemeyer.

mächtigen Familie von Dumstorp erwähnt. In den Jahren 1360 und 1368 bis 1370 wurde Erdvin von Dumstorf Bürgermeister der Altstadt von Osnabrück und sein Bruder Herman mit Erben in Haaren belehnt. Aus dem Jahre 1402 datiert die Bezeichnung „das Harteken Haus zum Kuhof". Kunigunde von Dumstorf, Witwe Rabodo von Haren, wurde mit dem Nießbrauch des Kuhofs und Gut Astrups belehnt. Erdwin jun. erbte den Kotten zum Kuhof und verkaufte das Gut Kuhof 1442 an das Beginenkloster in Osnabrück. Die Beginen gründen auf Kuhof das Kloster Marienstätte. Weitere Eigentümer, die den Um- bzw. Ausbau zum Gut vornahmen, waren Angehörige der Familien von Schele, Dr. L. Schrader, von Steding, von dem Busche-Lohe, von Morsey und von Wendt. Im 19. Jahrhundert wurde das obere Stockwerk des ursprünglich zweistöckigen Herrenhauses abgetragen. In der ersten Hälfte das 19. Jahrhunderts zeigte sich das Anwesen noch als zweistöckiges Gebäude mit einer Allee und einem Prachttor. Diese Allee trägt heute als Stichstraße den Namen „Kuhof". Das Tor auf der Allee wurde abgetragen. Am Eingang des Torhauses befinden sich die Wappen von Schele-Haren mit der Jahreszahl 1665 und von Schele-Schele von 1703.

Zu den bekannteren Gütern um Ostercappeln zählt auch das Gut Caldenhof, das urkundlich ebenfalls bereits im 14. Jahrhundert erstmalige Erwähnung fand. Das einstöckige Herrenhaus aus dem 17. Jahrhundert war von Gräften umgeben und wurde 1910 abgerissen. Das Gut ist als die Geburtsstätte des Zentrumpolitikers Ludwig Windthorst überregional bekannt geworden. Es lag in Hitzhausen, das selbst urkundlich erstmals bereits um 1070-1088 erwähnt wurde, einem der ältesten Siedlunsgsgebiete um Ostercappeln. Das zu Hitzhausen zählende Gut Caldenhof ist aus einem Meyerhof (curtis) entstanden und wurde 1350 im Lehensbuch des Bischofs Johann Hoet urkundlich genannt. Das aus dem Meyerhof zu Caldenhof geschaffene Gut gehörte einem Arnold von Haverbeck. 1534 wurde der Amtmann zu Horstmar Heidenreich Droste zu Vischering mit dem Gut belehnt. Das von breiten Gräften umgebene einstöckige Herrenhaus wurde im 17. Jahrhundert errichtet. 1812 wurde Ludwig Windthorst hier geboren. Sein Vater verwaltete nebenamtlich das Gut, das zum Besitz des Grafen Droste zu Vischering auf Darfeld zählte. Vom Caldenhofer Herrenhaus sind nur noch die Grundmauern und Gräften erhalten. Ein alter Baumbestand umgibt die Ludwig Windthorst Gedenkstätte, die an den großen Sohn des Ortes erinnert.

Südlich des Ortes Ostercappeln liegt das Gut Uhlenbrock, dessen Herrenhaus um 1900 entstanden ist.

Postkarte mit einer Abbildung des Ostercappelner Marktplatzes, J. F. Niemeyer Verlag, Ostercappeln, ohne Jahresangabe..

Aufnahme des Marktplatzes aus anderer Perspektive. Das Motiv stammt ebenfalls von einer Postkarte des J. F. Niemeyer Verlags aus dem Jahr 1913.

„Wegegeld" für Durchreisende

Vor ungefähr 250 Jahren begann man damit, die bis dahin noch unbefestigten Post- und Verkehrswege zu festen Steinstraßen auszubauen. Zu jener Zeit erhielt auch die spätere Reichsstraße und heutige Bundesstraße 51 erstmals eine Steindecke, und zwar in den Jahren zwischen 1765 bis 1785. Zuvor war diese Straße - damals nannte man sie noch den „Hannoverschen Postweg" - nur ein schmaler, unbefestigter Feldweg. Bei zahlreichen Wasserläufen mussten zu jener Zeit auch einige neue Brücken angelegt werden und an manchen Stellen, wie beispielsweise im „Ostercappelner Siek", wurde sogar eine komplette Verlegung der Straße notwendig.

Bei den zu jener Zeit noch recht primitiven technischen Mitteln des Straßenbaues war der Ausbau des Hannoverschen Postweges ein äußerst kostspieliges und schwieriges Werk, für das die Regierung des Fürstentums Osnabrück beträchtliche Gelder investieren musste. Es ist daher verständlich, dass nach Fertigstellung der Poststraße die Straßenbenutzer zur Aufbringung der Kosten für den Straßenbau und für die Straßenunterhaltung mit herangezogen wurden. Die Regierung tat das in der Weise, indem sie von den Straßenbenutzern eine Straßengebühr - das sogenannte „Wegegeld" - erhob. An bestimmten Stellen der Poststraße wurden frühe „Mautstellen", also Wegegelderhebungsstellen, eingerichtet. An diesen Stellen war die Straße durch eine Barriere gesperrt. Erst nach Entrichtung einer Gebühr öffnete der Wegegeldeinnehmer die Schranke zur Weiterfahrt. Über die Entrichtung des Wegegeldes wurde eine Quittung ausgegeben, die zur Benutzung der Straße bis zur nächsten Wegegelderhebungsstelle berechtigte. Dort war dann für den folgenden Straßenabschnitt erneut ein Weggeld zu zahlen.

Eine solche Wegegelderhebungsstelle wurde auch am 1. Oktober 1800 in Ostercappeln eingerichtet. Um die Stelle des stattlichen Weggeldeinnehmers bewarb sich damals ein Sergeant Cohen. Dieser hatte 48 Jahre als Berufssoldat in kurhannoverschen Diensten gestanden und sich als Soldat bereits im Siebenjährigen Kriege ausgezeichnet. Ihm wurde dann auch die Stelle als Wegegeldeinnehmer übertragen. Sein monatlicher Sold belief sich auf 4 Reichsthaler und 18 Mariengroschen. Die Barriere der Wegegelderhebungsstelle zu Ostercappeln befand sich damals gegenüber der heutigen evangelischen Kirche. Die Wegegelderhebungsstellen haben zum Teil noch bis in die Zeit kurz vor dem Ersten Weltkrieg bestanden.

Impression aus dem alten Ostercappeln mit Fuhrwerken.

Geschäftsleben am Eisenwarengeschäft J. Huntemann.

Das Hotel Broermann direkt an der Hauptdurchgangsstraße (Reichstraße 51, später B 51) war die erste Adresse in Ostercappeln, wenn es um die Unterbringung der Sommergäste ging.

Eine Alternative bot das idyllisch am Waldrand gelegene Berghaus.

Im Jahre 1912 wurde im Kreistag Osnabrück-Land ein Antrag auf Aufhebung etlicher im Landkreis noch bestehender Wegegelderhebungsstellen eingebracht. Zur Begründung wurde u. a. gesagt, dass die Fuhrleute den Aufenthalt an den Weggeldbarrieren vielfach dazu benutzen, in benachbarten Schenken längere Zeit Einkehr zu halten. Der Aufhebungsantrag wurde damals jedoch zunächst abgelehnt, da die Stadt Osnabrück sich weigerte, dem Landkreis einen Betrag für die Unterhaltung der Zufahrtsstraßen zur Stadt Osnabrück zukommen zu lassen. In den darauf folgenden Jahren sind dann aber doch die letzten noch bestehenden Wegegelderhebungsstellen aufgehoben worden.

Gesamtansicht auf Ostercappeln auf einer Postkarte aus dem Jahr 1913, aus dem Verlag von J. F. Niemeyer, kurz nach Aufhebung der Wegegelderhebung.

Die Hausweberei als Einnahmequelle

Die Hausweberei zählte im 18. und 19. Jahrhundert zu den existenziellen Einnahmequellen der bäuerlichen Bevölkerung des Fürstbistums Osnabrück. Die Erträge aus der häuslichen Leinenweberei trugen zeitweise nicht unwesentlich zum Lebensunterhalt der Ostercappelner Bevölkerung bei. Während die in der Landwirtschaft erzeugten Güter zu jener Zeit vorwiegend im eigenen Haushalt verbraucht wurden, brachten der Flachsanbau und die Verarbeitung des Flachses zu Garn und Leinen der Bevölkerung das Bargeld ins Haus.

Das im Osnabrücker Land erzeugte Leinen war wegen seiner guten Qualität in aller Welt bekannt und gefragt. Bereits frühzeitig hatte sich die Stadt Osnabrück durch Einrichtung einer Leinenlegge einen maßgeblichen Einfluss auf Erzeugung und Handel mit dem auf dem platten Lande hergestellten Hausleinen gesichert. Jedes zum Verkauf außerhalb des Landes bestimmte Leinen musste in der Stadt auf der Legge ausgelegt werden. Dort wurde es vermessen, auf seine Qualität hin geprüft und dementsprechend in eine der fünf damaligen Güteklassen eingestuft. Dann erst erhielt es den Stempel der Legge und wurde für Verkauf und den Handel freigegeben.

Das Osnabrücker Hausleinen - „Löwendlinnen" genannt - ging durch die Handelsbeziehungen der Stadt über Holland, England, Spanien, Portugal und Venedig in alle Welt hinaus. Sogar Russland war zu gewissen Zeiten ein guter Abnehmer des Leinens. Und dieses war wegen seiner Qualität so gefragt, dass im Jahre 1690 Fälscher für ein außerhalb des Osnabrücker Landes hergestelltes Leinen das Osnabrücker Leggezeichen nachahmten. Der Rat der Stadt Osnabrück wurde durch Beschwerden aus dem Ausland auf den Mißbrauch aufmerksam gemacht und leitete daraufhin eine Untersuchung ein. Er kam zu der Feststellung, dass diese Fälschungen im „Ausland", und zwar in dem im benachbarten Bistum Minden gelegenen Ort Lübbecke, begangen worden waren.

Über einen ähnlichen Vorfall der Fälschung des Leggezeichens berichtete der Leggemeister der Essener und Ostercappelner Legge im Jahre 1788. Der damals in Essen ansässige Leinenkaufmann Schröder hatte in den hannoverschen und preußischen Gebieten ungeglegtes Leinen aufgekauft und dieses in seinem Hause in Essen mit einem Stempel versehen, der dem Leggezeichen ähnelte. Die Fälschungen waren in Bremen erkannt worden. Die Beamten des Amtes Wittlage erhielten damals den Auftrag, die Angelegenheit zu untersuchen.

Im ausgehenden 18. Jahrhundert hat sich dann der Osnabrücker Staatsmann Justus Möser erfolgreich um die Neubelebung des Hausleinengewerbes im damaligen Fürstentum Osnabrück bemüht. Auf seine Anregung hin wurde das Leggewesen neu geordnet. Neben der Stadtlegge in Osnabrück wurden nun noch sieben weitere Leggen in verschiedenen Orten des Hochstiftes angelegt. Als Konsequenz musste das ausschließliche Leggeprivileg der Stadt Osnabrück fallen. Doch hat sich die Anlegung von Außenleggen für die wirtschaftliche Gesundung der Bevölkerung des Hochstiftes als segensreich erwiesen. Im Jahre 1770 machte die Gründung der Iburger Legge den Anfang.

Die guten Erfahrungen mit dieser Gründung ermunterten die Landesregierung Einrichtungen weiterer Leggen in verschiedenen Orten des Landes, so auch in Ostercappeln und Essen. In einem vom 30. März 1772 datierten Schreiben an den in London weilenden Fürsten Georg III. begründete der damalige Regierungsrat von Ende die Anlegung weiterer Leggen wie folgt: „Nachdem, wie bereits öffentlich bekannt gemacht worden, bey der guten Wirkung, welche die im May 1770 zu Iburg angelegte staatliche Legge geäußert hat, von den löblichen Stifts-Ständen auch die Errichtung den Ämtern Vörden, Witlage und Hunteburg, angetragen, auch nunmehr beliebet ist, daß in solchen Ämtern an den Orten Bramsche und Vörden, wie auch Essen und Ostercappeln gewissermaßen combinirte neue Leggen angelegt werden sollen, die zum Theil auch bereits ihre Einrichtung erhalten haben ...".

Nachdem für die beiden Ämter Wittlage und Hunteburg zunächst nur die Einrichtung einer Legge geplant war, ergab sich bald ein heftiges Tauziehen um den Standort der Legge. Gegen die beabsichtigte Einrichtung einer Legge in Ostercappeln erhoben die Eingesessenen des Amtes Wittlage Bedenken, da der Ort Ostercappeln für sie zu abgelegen sei. Der weite Weg nach Ostercappeln, so erklärten sie, würde die Einwohner der Kirchspiele Lintorf und Barkhausen dazu verleiten, die näher gelegene Legge in Osteroldendorf im Brandenburgischen aufzusuchen. Damit würden Nahrung und Gewerbe dem Lande entzogen. Sie setzte sich daher für die Einrichtung einer Legge im Kirchspiel Essen ein. Gegen die Einrichtung einer Legge in Essen wandte sich nun wiederum der damalige Amtsvogt Schoning in Hunteburg. Auch die Hunteburger Einwohner bewarben sich damals um die Einrichtung der Legge in ihrem Ort. Schließlich fiel die Entscheidung darauf, sowohl für das Amt Hunteburg in Ostercappeln als für das Amt Wittlage in Essen eine Legge einzurichten und dort voneinander getrennte Leggetage abzuhalten.

Die Landlegge in Ostercappeln

Der zuständige Leggeinspektor Wiethoff fand zunächst im Ostercappelner Siek einen am Hannoverschen Postweg gelegenen Kornspeicher des Ostercappelner Einwohners Niggengerd ein geeignetes Leggelokal. Dieser Kornspeicher konnte zu einem jährlichen Mietpreis von 20 Rtl. angemietet werden. Zusätzlich erklärte sich der damalige Ostercappelner Bürgermeister Meyer bereit, auf eigene Kosten in seiner Scheune eine Leinenmangel aufzustellen und in Betrieb zu nehmen. Nach Aufnahme der Leggegeschäfte richtete dann auch der Leinenkaufmann Schröder noch einen Leinenmangelbetrieb als Konkurrenz ein, wogegen nun Kaufmann Meyer Beschwerde bei der Obrigkeit erhob. Da sich das Leggegeschäft in Ostercappeln jedoch unerwartet gut entwickelte, und eine Mangel nicht ausreichend war, fanden beide Betriebe ihr Auskommen. Als Leggelokal konnte Wiethoff in Essen zunächst einen Pferdestall auf dem Anwesen des Bauern Höger für eine jährliche Miete in Höhe von 25 Rtl. anwerben. Jedoch erwies es sich schon bald, dass dieses Gebäude den Anforderungen eines Leggelokals nicht entsprach. Aus diesem Grund verlegte man das Leggelokal 1773 in ein Nebengebäude des Overslakeschen Grundstücks. Als erster Leggemeister der vereinigten Ostercappelner und Essener Leggen wurde Heinrich Garves, und zu seinem Stellvertreter Rudolf Stockdiek ernannt. Daneben wurde noch ein Wilhelm Kämper als Leggediener angestellt. Diese drei Personen versahen die Leggegeschäfte an den beiden Leggen so, dass sie an drei Tagen in der Woche in Essen und an den übrigen drei Tagen in Ostercappeln tätig wurden. Am 13. April 1772 konnte die Essener Legge ihr Geschäft aufnehmen, am 21. Mai des Jahres folgte dann die Ostercappelner Legge.

Über die Jahre schwankte der Leinenpreis entsprechend dem Angebot und der Nachfrage, teilweise mit erheblichen Unterschieden. Brachte etwa ein Stück Leinen der Güteklasse V 1772 nur 34 Pfennige ein, so waren dies 1788 mit 75 Pfennigen mehr als doppelt so viel. Und auch der Preis der Güteklasse II stieg in diesem Zeitraum, wenn nicht ganz so stark, doch immerhin von 42 auf 83 Pfennige. Nun ging die Preisentwicklung aber nicht immer nur in Richtung höherer Preise, sondern nahm teilweise auch eine gegenläufige Tendenz an. Zudem war das Risiko eines schwankendes Preises nicht das einzige Übel in Zusammenhang mit dem Leinenhandel. 1791 machte der Leggemeister der Essener und Ostercappelner Legge die Obrigkeit darauf aufmerksam, dass verschiedene Leinenkaufleute die aufgekaufte Ware nicht gleich beim Kauf bezahlten und die bäuerlichen Leinenweber teilweise monatelang auf ihr Geld warten mussten und oft auch nur einen Teilbetrag des Erlöses für ihre Waren ausbezahlt bekamen. Für den Rest mussten sie Waren zu einem deutlich überhöhten Preis in Zahlung nehmen, auch wenn sie diese gar nicht benötigten. Nicht zuletzt deshalb hatten sich bereits zahlreiche Einwohner des Amtes von der Ostercappelner Legge abgewandt und ihre Produkte auf der Stadtlegge in Osnabrück gebracht, da sie dort von den Leinenkaufleuten für ihre Weberzeugnisse Bargeld ausbezahlt erhielten.

Dennoch entwickelte sich das Geschäft in Ostercappeln so gut, dass bereits 1789 eine Vergrößerung des dortigen Leggelokals erforderlich wurde. Oft waren hier bis zu 250 Personen anwesend, und es gab Tage, an denen bis zu 150 Stück Leinen zur Zeichnung vorgelegt und zum Verkauf angeboten wurden. So setzte sich u. a. auch der damalige Holzgraf der Mark, von Ledebur-Arenshorst, für eine Vergrößerung der Ostercappelner Legge ein. Nun erboten sich der Gastwirt Friedrich Rudolf Schlüer ebenso wie der Besitzer des bisherigen Leggehauses, der Kaufmann Mehring, auf eigene Kosten ein neues Leggegebäude zu erreichten. Was folgte, war ein von beiden Seiten erbittert geführter Papierkrieg um das Für und Wider beider Bauvorhaben. Sieger in dem Streit blieb der Kaufmann Mehring mit seinem Bauprojekt, dass er an der späteren Bundesstraße 51 in Höhe der Friedenshöhe errichtete. Am 10. Februar 1790 unterzeichnete er einen Kontrakt, nach dem er sich verpflichtete, bis Jakobi des gleichen Jahres das neue Leggehaus zu erbauen und dieses der Leggeverwaltung zu einem jährlichen Mietpreis von 32 Rtl. zu überlassen.

Aufgrund der Lage des neuen Gebäudes wurde der Vorschlag gemacht, mit dem neuen Leggehaus auch die Barriere für die Einziehung der Wegegebühren und ein Barrierehaus für den Wegegeldeinnehmer zu schaffen. Und so diente später das neue Leggegebäude auch als Wohnung für den Wegegeldeinnehmer. Die Straßensperre für die Erhebung des Wegegeldes befand sich damals gegenüber der heutigen evangelischen Kirche. Bei dem 1790 errichteten Leggehaus handelte es sich um ein Fachwerkgebäude, das sich bis zum Jahre 1924 neben dem Haus der Gärtnerei Erdwien befand. Es war zuletzt im Besitz des Viehkaufmanns Stern und brannte im Frühjahr 1924 ab.

Das frühe 19. Jahrhundert bescherte dem bäuerlichen Hausleinengewerbe schwere Krisenzeiten. Es waren die Kriege Napoleon Bonapartes, vor allem aber die gegen England gerichtete Kontinentalsperre, die massive Absatzeinbrüche im Leinenhandel mit Übersee auslösten. Den Absatzeinbrüchen folgte ein katastrophalen Verfall der Leinenpreise, was für die Bevölkerung wiederum einen oft beklagten Geldmangel zur Folge hatte. Vor allem die Kleinbauern und Heuerleuten, deren zweiten Standbein die Hausweberei war, waren betroffen, da sie zuvor einen wesentlichen Teil ihrer Bareinnahmen aus den Erträgen der Leinenweberei gewonnen hatten. Als Europa schließlich von der Herrschaft Napoleons befreit war, erwuchs ihnen in den nun folgenden Jahrzehnten eine erdrückende Konkurrenz in der maschinell betriebener Webereien und in der fabrikmäßigen Herstellung von Webwaren. Und so war der Verfall dieses

Hausgewerbes mit mehr aufzuhalten. Not und Verelendung beim Heuerlingsstand des Wittlager Landes waren das Resultat, und viele wanderten aus in die „Neue Welt". Für die Leggen bedeutete dies sinkende Umsatzzahlen, und jährlich sank ihre wirtschaftliche Bedeutung. 1874 wurden in Ostercappeln nur noch 414 Stück Leinen aufgelegt, und 1884 waren es gar nur noch 147 Stück. Zum Vergleich brachte es die Legge in Essen 1874 noch auf 511 Stück Leinen, 1884 nur noch auf 290 Stück.

1886 wurde dann die Verlegung des Ostercappelner Leggelokals zum Gasthaus Wortmann beschlossen, wo sie bis 1896 ihr restliches Dasein fristete, ohne nochmals an die alten Zeiten anknüpfen zu können. Bereits 1878 wurde die Frage diskutiert, ob man die Essener Legge nicht besser schließen solle. Mehrere Leinenkaufleute hatten bei der Behörde einen entsprechenden Antrag eingebracht, da sie auf eine Aufhebung des Leggezwanges hofften, um eine freizügigere Gestaltung der Leinenpreise zu erzielen. Doch noch wandte sich der damalige Wittlager Amtshauptmann Siemens gegen eine Aufhebung des Leggezwangs, da dies aus seinen Sicht den endgültigen Verfall der Leinenpreise und Ruin der Heuerleute mit sich bringen würde. Als sich nun die Leinenkaufleute von der Essener Legge abwandten, brach ihr Betrieb fast völlig zusammen. Zwar trat Siemens auch weiterhin dafür ein, die Essener Legge noch weiter bestehen zu lassen, doch kam deren Umsatz 1886 endgültig zum Erliegen. Mehrfach befasste sich der Wittlager Kreistag mit der Frage des Weiterbestehens der Essener Legge, und kam sowohl 1886 als auch 1888 zu dem Beschluss, die Leggeanstalt weiterhin bestehen zu lassen. Die Entscheidung über weitere Maßnahmen hinsichtlich eines Weiterbestehens der Legge wurde nun auf den Sommer des Jahres 1889 vertagt, da man zunächst noch die weitere Entwicklung abwarten wollte. Und so dauerte es noch bis 1895, bis eine Bekanntmachung des Osnabrücker Regierungspräsidenten vom 7. März des Jahres den Leggebetrieb in Essen zum 1. April 1895 einstellte und gleichzeitig für die Ortsgemeinde Büscherheide sowie für die Samtgemeinden Barkhausen, Lintorf und Essen den staatlichen Leggezwang aufhob. Das gleiche Schicksal ereilte im Jahre darauf auch die Ostercappelner Legge, die ebenfalls bereits seit Jahren keine nennenswerten Umsätze mehr zu verzeichnen hatte.

Siegel der Essener und Ostercappelner Legge.

Sommerfrische Ostercappeln

im Wiehengebirge

Verzeichnis des Hotels und der Gasthöfe

Name und Bezeichnung des Betriebes (Straße u. Hausnummer)	Name des Besitzers oder Leiters	Zimmerzahl	Entfernung zum Bahnhof in Metern	Anzahl der Betten	Zimmer m. Bad	Zimmer mit fließend. Wasser	Mindest- und Höchstpreise für ein Bett ohne Bad Saison RM	Außer Saison RM	Frühstückspreis RM	Mindest- u. Höchstpreise für volle Pension Saison RM	Außer Saison RM	Garage	Zentralhzg.	Fließgal.	Park, Garten
Hotel Broermann Bremer Straße	Geschw. Agnes u. Hubert Lücke	260	1800	21		7	1.25-2.—	1.25-2.—	—.90	2.80-3.30	2.80-3.30	G	3		P
Gasthaus Friedenshöhe Bremer Straße 97	Jos. Bretholt	232	1800	15			1.25-1.75	1.25-1.75	—.80	2.80-3.30	2.80-3.30	G	3		P
Gastwirtschaft Wortmann Bremer Straße 51	Jos. Wortmann	344	1800	12			1.50	1.50	—.80	3.50-4.—	3.50-4.—				P
Gasthof zur Erholung Große Straße 11	Jos. Rosenbusch	208	1800	15			1.25-1.75	1.25-1.75	—.80	2.80-3.20	2.80-3.20	G			P
Gasthaus Mönter Große Straße 20	Ernst Mönter	347	1800	16			1.50	1.—	1.—	3.50	3.30	G			P

Fremdenheim und Pensionen

St. Raphaelsstift	Raphaelsstift	351	1800	45-50	1	16			1.—	3.75-4.25	3.75-4.25		3	P	P
										3.50	3.—	G		P	P
					1	2				4.—	3.75		3		P

Die Liegehalle für Tuberkulosekranke

Auszug einer Kollage zur „Sommerfrische Ostercappeln" aus der Chronik „100 Jahre Krankenhaus St. Raphael" - Jubiläumsschrift aus dem Jahr 1998.

Ludwig Windthorst - der große Sohn des Wigbolds

Das 19. Jahrhundert war in vielfacher Hinsicht prägend für die Geschichte Ostercappelns. Dazu gehört auch die Tatsache, dass dieser Zeit der wohl größte politische Vertreter des Ortes entstammte. Am 17. Dezember 1812 wurde auf Gut Caldenhof bei Ostercappeln Ludwig Johann Ferdinand Gustav Windthorst geboren, der als erster Sohn des Wittlager Landes eine große politische Karriere machen sollte. Als katholischer Zentrumspolitiker war er ein parlamentarischer Gegenspieler Bismarcks, und in seinen Vorstellungen entwickelte er Visionen, die für die Zukunft Deutschlands von Bedeutung wurden. Er gilt als größter Sohn Ostercappelns, dessen Lebenswerk darum kreiste, Demokratie und katholischen Glauben zusammenzuführen.

Ludwig Windthorst wurde auf dem unweit von Ostercappeln in der Gemarkung Hitzhausen gelegen Gut als Sohn des Rentmeisters Joseph Windthorst geboren, der am mittelalterlichen Gogericht „zur Angelbeke" in Ostercappeln tätig war. Seine Mutter, geb. Clara Niewedde, entstammt ebenfalls einer Ostercappelner Advokatenfamilie. Der körperlich eher schwächliche Knabe ging zusammen mit seiner Schwester zunächst auf die Mädchenschule in Ostercappeln. Nachdem er danach noch ein Jahr lang die Schule seines Onkels in Falkenhagen besucht hatte, in der einer seiner Lehrer die Überzeugung äußerte, Ludwig mangele es an den Voraussetzungen für ein Studium und er erlerne besser ein Handwerk, starb der Vater. Der 10-jährige Knabe kehrte auf das elterliche Pachtgut zurück, das seine Mutter weiter verwaltete. Kurz darauf schickte ihn seine Mutter auf das Gymnasium Carolinum nach Osnabrück, wo sich die geistigen Fähigkeiten Windthorsts schon bald zeigten. Mit ausgezeichneten Noten bestand er als Primus des Gymnasiums seine Reifeprüfung. Anschließend widmete er sich seinem Studium an den Universitäten Göttingen und Heidelberg, wo er Jurisprudenz und Staatswissenschaft hörte. 1834 legte Ludwig Windthorst an der juristischen Fakultät in Göttingen sein erstes Examen ab, das er ebenso wie die zweite Prüfung glänzend bestand. Seine Examensarbeit galt als eine Meisterleistung, die ihm von der Dozentenschaft hohe Anerkennung einbrachte. Unter diesen Umständen war es dem jungen Juristen leicht, in Osnabrück eine Praxis einzurichten.

Windthorsts fester Wille, seine ausgezeichneten Fähigkeiten und sein Einfühlungsvermögen in die Belange seiner Klienten machten ihn schnell zu einem bekannten Advokaten, und die vornehme Gesellschaft der Stadt zählte ihn gerne zu den ihren.

1842 kam die Ernennung zum Vorsitzenden Rat im Katholischen Konsistorium in Osnabrück, und die Ritterschaft wählte ihn zum Oberappellationsrat für den höchsten Gerichtshof des Königreiches Hannover in Celle. Doch auch diese zusätzlichen Aufgaben konnten Windthorst nicht wirklich befriedigen. Denn er, der eine ausgeprägt katholische Erziehung erhalten hatte, fand an vielen Stellen im öffentlichen Leben die in der Verfassung des Staates verankerte Religionsfreiheit und Gleichheit der Konfessionen nicht verwirklicht. Seine kämpferische Natur, die ihn stets zur Verteidigung des Rechts drängte, mag ihn wohl bewogen haben, im Jahre 1848 in die 2. Hannoversche Kammer einzuziehen, wo er den konservativ Gesinnten angehörte. Drei Jahre später gab Ludwig Windthorst sein Debüt als Staatsmann. Der neue König von Hannover, Georg V., ernannte ihn zum Justizminister des Königreiches. Dieser Ernennung folgte nicht wenig Aufregung, denn erstmals saß ein Katholik im Kabinett. „Im Ministerium riecht's nach Weihrauch" - das war einer der typischen Kommentare zur Ernennung von Windthorst, auf den als Minister viel Arbeit wartete: die Zollvereinigung zwischen Preußen und Hannover und die hannoversche Justizreform. Erstmals lernte er als Justizminister auch Graf Otto von Bismarck kennen, als dieser als preußischer Abgesandter in Hannover weilte. Windthorst brach der Trennung von Verwaltung und Rechtsprechung ihren Weg, ebenso der Teilnahme der Öffentlichkeit an gerichtlichen Verfahren. Mißgunst und falsche Beurteilung schürten das Intrigenspiel seiner Gegner, denen es auch zeitweise gelang, ihn von seinem Ministersessel zu stürzen.

Als 1866 das Welfenhaus in Hannover den Thron verlor und das Königreich Hannover an Preußen fiel, war Ludwig Windthorst nicht mehr im Amt. So schmerzlich der Verlust der Selbständigkeit Hannovers für Windthorst auch war, so wenig hinderten ihn diese Tatsache ebenso wie das ständige Ränkespiel um seine Person daran, als Abgeordneter des Wahlkreises Meppen in den Norddeutschen Reichstag einzuziehen. Mit 16 gleichgesinnten Abgeordneten gründete er den „Bundesstaatlich konstitutionellen Verein", der großdeutschen und konservativen Zielen nachhing und sich besonders für das friedliche Miteinander der deutschen Staaten mit Österreich einsetzte. In den Auseinandersetzungen um die Verfassung kämpfte Windthorst für die Ziele, die ihn einst zur parlamentarischen Tätigkeit gedrängt hatten: Für die Freiheit der Religionsausübung und die Gleichberechtigung der Konfessionen. Nach den Neuwahlen von 1870 zog Windthorst in den Preußischen Landtag ein. Hier trat er der Zentrums-Partei bei, deren Ziele sich weitgehend mit seinen Vorstellungen zum politischen Zusammenhang der deutschen Staaten, einschließlich Österreich, sowie der bürgerlichen und religiösen Freiheit und Gleichheit deckten. Das Zentrum war zudem in der Absicht gegründet worden, die beiden großen Konfessionen zu einer christlichen Front zusammenzuschließen, um den Einfluss des immer stärker werdenden Liberalismus Einhalt zu gebieten.

Als Abgeordneter im Reichstag und im Preußischen Abgeordnetenhaus machte er sich vor allem im sogenannten „Kulturkampf", den Bismarck gegen den Einfluss der katholischen Kirche führte, als fähiger Redner einen Namen und stieg, ohne offiziell ein Fraktionsamt innezuhaben, zum führenden Repräsentanten der Zentrumspartei und des deutschen Katholizismus auf. Windthorst galt als der parlamentarische Gegenspieler Bismarcks schlechthin. Daher versuchte auch Bismarck immer wieder, durch verschiedene Maßnahmen, zum Beispiel durch die heimliche Förderung von Presseorganen, Windthorsts Wahl im Emsland zu erschweren oder zu verhindern. Denn konsequent hatte er vor dem Reichstag immer wieder die Schwächen und Fehler der Bismarckschen Politik aufgedeckt, und immer wieder trieb er den Reichskanzler in meisterhaften Rededuellen in die Enge, immer wieder forderte er die Abschaffung der Restriktionen gegen die Katholische Kirche. Mit allen Mitteln versuchte Bismarck seinen Gegner vom Zentrum loszulösen, ihn der Unterstützung der katholischen Kreise zu berauben, doch es gelang ihm nicht. Ludwig Windthorst starb 1891 in Berlin.

Ein Blick auf die Weberei–Lehrwerkstätte von Karl König.

Unterweisung am Webrahmen.

Die Spinn- und Webschule von Karl König

Nachdem Ende des 19. Jahrhunderts die hauswirtschaftliche Leinenproduktion völlig zum Erliegen gekommen und die Geschäfte an der Essener und Ostercappelner Legge 1895 fast gänzlich zum Erliegen gekommen waren, regte der Osnabrücker Regierungsprasident in einem Schreiben an den Wittlager Landrat Telschow eine Aufhebung dieser Anstalt an. Die Kosten für ihren Unterhalt überschritten inzwischen deutlich den Wert des dort noch gehandelten Leinens. So waren dort 1889 nur noch 96 Stück Leinen mit insgesamt 7171 m für einen Wert von insgesamt 3192,30 Mark gehandelt worden, 1893 hingegen nur noch 49 Stück mit einer Länge von 662 m und einem Umsatzwert von 293,17 Mark. Nun kam auch der Wittlager Kreisausschuss zu der Überzeugung, dass ein Weiterbestehen der Essener Leggeanstalt nicht mehr zu rechtfertigen sei, da die Hausweberei inzwischen kaum mehr lohnend betrieben werden konnte. Der Kreisausschuss empfahl daher dem Wittlager Kreistag, auf der Kreistagssitzung am 29. August 1894 einem Antrag auf Schließung der Essener Legge unter der Bedingung der Aufhebung des Leggezwangs zuzustimmen. Der Kreistag gab dann diesem Antrag seine Zustimmung. Ein Jahr später folgte die Schließung der Ostercappelner Legge, deren Schicksal dem der Essener Legge ähnlich war.

Doch entschied man gleichzeitig, die eingesparten Gelder für die Einrichtung eines Wanderunterrichts bei den Hauswebern zu verwenden. In seiner Sitzung am 9. März 1896 fasste der Wittlager Kreistag diesen Beschluss: „Der Kreistag erklärt sich mit der Aufhebung der Legge in Ostercappeln unter der Bedingung einverstanden, dass zugleich der Leggezwang aufgehoben wird und dass die ersparten Gelder zur Einrichtung eines Webeunterrichts in hiesiger Gegend Verwendung finden."

Während der Krise in der Hausweberei im Laufe des 19. Jahrhunderts waren immer wieder Überlegungen angestellt worden, wie man diesem Erwerbszweig helfen könne, um dem besitzlosen Heuerlingsstand die Hausweberei als seine bedeutendste Erwerbsquelle zu erhalten. Eine mögliche Lösung sah man in einer besseren Unterweisung der hier tätigen Personen. Und so kam es zur Einrichtung von Spinn- und Webschulen, deren erste bereits um 1830 entstanden. 1834 folgte die Einrichtung einer Webschule am Leggeort Iburg. Und 1888 wurde auch im ehemaligen Leggeort Ostercappeln eine solche Webschule eröffnet.

Auf Ersuchen der Osnabrücker Regierung berief die Königliche Leggeinspektion Göttingen am 1. Oktober 1886 den aus dem Kreis Einbeck stammenden Weblehrer Karl König an die Ostercappelner Legge und ernannte ihn zum Weblehrer an der zwei Jahre später gegründeten Ostercappelner Webschule. Ein Versuch, für die östlichen Gemeinden des Kreises Wittlage eine Filiale der Webschule im ehemaligen Leggeort Essen einzurichten, scheiterte am geringen Interesse der Bevölkerung. Denn zu jener Zeit konnte die Hausweberei längst nicht mehr mit dem lohnenden Verdienst früherer Zeiten betrieben werden. Allerdings waren viele bäuerliche Familien noch bestrebt, die im Haushalt benötigten Textilien auch weiterhin so weit wie möglich auf dem eigenen Hof herzustellen. Und so fand die Gründung einer Webschule in Ostercappeln vor allem bei den berufsständischen Vereinen der Landwirtschaft lebhafte Zustimmung. Nach einem von Weblehrer König selbst verfassten Schulungsbuch wurde neben der Herstellung einfacherer Leinengewebe auch das Weben prachtvoll gemusterter Tischtücher sowie zweifarbiger Leinenstoffe in gestreiften und karierten Mustern gelehrt.

Einen tatkräftigen Förderer der Hausweberei fand die Wittlager Landbevölkerung seinerzeit im damaligen Landrat von Schonaich-Carolath. Auf seine Anregung hin wurde im Frühjahr 1902 die dänische Weblehrerin Zelma Schröder von der Webschule Askoo (Jütland) zu einem viermonatigen Webunterricht verpflichtet. In dem Schreiben, in dem sich von Schonaich-Carolath beim Regierungspräsident in Osnabrück für die Verpflichtung einer dänischen Weblehrerin nach Wittlage einsetzt, berichtet er auch voller Stolz, dass er Anzüge trage, die seine Gemahlin selbst gewebt habe. Die dänische Weblehrerin erteilte den interessierten Bäuerinnen in den Räumen der Ostercappelner Webschule und in einer im Amtshaus Wittlage eingerichteten Webstube einen kostenlosen Unterricht im Weben wollener und baumwollener Kleiderstoffe, Schürzen, Bettdecken usw. nach geschmackvollen und farbenfreudigen Mustern schwedisch-finnischer Art. Im Jahre 1904 konnte sie nochmals für einen weiteren Lehrgang verpflichtet werden. Welche Bedeutung man dieser Angelegenheit an höherer Stelle beimaß, ist daraus ersichtlich, dass die Kosten dieser beiden Lehrgänge von jeweils 500 Mark vom Landwirtschaftsministerium aufgebracht wurden.

Es war mit diesem Unterricht sicherlich auch beabsichtigt, an Stelle der damals bereits nicht mehr getragenen Volkstrachten eine den ländlichen Verhältnissen entsprechende geschmackvolle Kleidung zu entwickeln. Die von Zelma Schröder gelehrten Schwedenmuster fanden in der damaligen Zeit offenbar einen guten Anklang, und sie kamen bis in die 1960er Jahre auf dem Handwebstuhl in der Weberei König in Ostercappeln zum Einsatz.

Der „Große Straße" um 1940 in einer Großaufnahme, Abbildung auf einer Postkarte von J. F. Niemeyer.

Luftaufnahme mit Blick auf den Ostercappelner Marktplatz und den Ortskern in den 1960er Jahren. Postkarte von J. F. Niemeyer.

Postkarte aus den 1950er Jahren mit vier Motiven Ostercappelns: Gesamtansicht des Ortes, Große Straße, Kirchplatz und Windthorstbrücke. Postkarte Verlag J. F. Niemeyer.

Die Krankenhauspatienten und Gäste der Sommerfrische fanden Ruhe und Erholung in den Parkanlagen am St. Raphael-Stift, Motiv Verlag J. F. Niemyer.

Ein beliebtes Ausflugziel war der Ostercappelner Kapellenberg, hier auf einer Postkarten-ansicht aus den 1960er Jahren, Verlag J. F. Niemeyer.

Hotel, Gasthof und Restaurant „Rahenhof" mit Gesellschaftssaal, Veranda und Speisezimmer um 1960 in der Ortsmitte, direkt an der Bundesstraße 51.

Die Gäste Ostercappelns wurden auf einem vergleichsweise repräsentativen Bahnhof am Nordhang des Wiehengebirges empfangen. Postkarte aus dem Verlag J. F. Niemeyer.

Die Gäste hatten die Qual der Wahl. Es gab viele Pensionen und Hotels, die Unterkunft und Verpflegung boten, wie das „Hotel Waldschlösschen".

Feuerlöschdienst und Feuerwehr

Die Frage, wie alt das organisierte Feuerlöschwesen überhaupt ist, lässt sich nur schwer beantworten. Der Feuerschutz in den Ämtern Hunteburg und Wittlage besteht wohl bereits seit dem Jahre 1688, als in den Bauerschaften, zu denen auch Ostercappeln zählte, Brandleitern, Feuerhaken und Ledereimer zur Brandbekämpfung angeschafft werden sollten. Aufgrund einer späteren Verordnung des Osnabrücker Bischofs von 1767 hatten von nun an alle Kirchspiele mit Feuerspritzen ausgerüstet zu sein. In Ostercappeln hat es eine solche Handdruckspritze nachweislich bereits im Jahre 1798 gegeben, die mit aus Leder gefertigten Löscheimern gespeist wurde, ein Verfahren, das sich noch über 100 Jahre gehalten hat. Einen weiteren Anhaltspunkt für das Vorhandensein eines organisierten Löschdienstes vermittelt das Ortsstatut des Kirchspiels Ostercappeln der Amtsverwaltung Hunteburg zu Wittlage, das im Jahre 1853 bekanntgegeben wurde und das in mehreren Paragraphen auf die Zuständigkeit der Gemeinde Ostercappeln und die Samtgemeinde Ostercappeln für das Feuerlöschwesen hinweist. So heißt es dort: „Übrigens hat die Weichbildsgemeinde Ostercappeln die Ausgaben des Kirchspiels, behuf der Feuerpolizei, namentlich des Spritzenmeisters und der Spritzenleute, Unterhaltung der Feuerlöschgerätschaften usw. und behuf des Leichenhofes zu Ostercappeln, namentlich der desfallsigen Landmiethe und seiner Unterhaltung, zum siebten Theile mitzutragen." Als Lasten des Kirchspiels, also der Samtgemeinde, werden in § 18 der Satzung folgende Richtlinien festgelegt: „Ausgaben behuf der Feuerpolizei namentlich Entschädigung des Spritzenmeisters und der Spritzenleute, Unterhaltung der Feuerlöschgeräthschaften als: des Spritzenhauses, der Spritze nebst Zubehör und 18 Feuereimer...". Aus diesen Bestimmungen geht klar hervor, dass die Feuerbekämpfung im 19. Jahrhundert offenbar in den Händen entgeltlich tätiger Feuerwehrmänner lag.

Im Jahre 1888 wurde dann die Freiwillige Feuerwehr in Ostercappeln gegründet, wie aus einer alten Mitgliederliste hervorgeht. Als damaliger Feuerwehrhauptmann wurde in der Aufstellung der Gastwirt Heinrich Knollmeyer genannt. Einen weiteren Beweis liefert das Versammlungsprotokoll aus dem Jahre 1927, das die Auszeichnung von Karl König, Wilhelm Dauer und Friedrich Uhlenbrock mit dem Ehrenzeichen für 40-jährige Dienstzeit erwähnt. Wie aus Berichten von Zeitzeugen, Protokollen und Briefwechseln hervorgeht, muss es in Ostercappeln damals über drei Jahrzehnte hinweg zwei Feuerwehren gegeben haben, zum einen die vom Magistrat unterstützte Feuerpolizei, und zum anderen die Freiwillige Feuerwehr. Über dreißig Jahre, zwischen

1888 und 1920, kämpfte die Freiwillige Feuerwehr um die amtliche Anerkennung. Die Kirchspielwehr war eine Pflichtfeuerwehr und wurde demgemäß auch entschädigt und belohnt, sowohl durch Zuschüsse der landrätlichen Verwaltung als auch durch die Prämien der Brandkassen. Demgegenüber musste sich die Freiwillige Feuerwehr mit ihren Mitgliedsbeiträgen und Haussammlungen über Wasser halten. Zur Anschaffung von Uniformen reichte es zunächst auch nicht, so dass man sich zur Kennzeichnung mit Armbinden zufrieden geben musste.

Die Situation änderte sich erst, als 1903 Bürgermeister Huntemann als Hauptmann der Freiwilligen Feuerwehr von der Landrätlichen Verwaltung bestätigt und der Verein amtlich anerkannt wurde. Diesem Vorgang war ein Rückgang der personellen Stärke der Pflichtfeuerwehr vorausgegangen, die damals wohl nicht mehr in der Lage war, ihre Aufgaben vollständig zu erfüllen. Und so entwickelte die Freiwillige Feuerwehr eine zunehmende Aktivität. 1911 wurden Uniformen und Schutzhelme angeschafft, ein Übungsmast wurde errichtet und dieser 1914 in einen Übungsturm umgebaut. Gleichzeitig wurden Leitern für Steigermannschaften erworben. In den ersten Jahren nach der Jahrhundertwende ist wahrscheinlich auch die erste Saugdruckspritze gekauft worden, die nicht mehr mit Eimern gefüllt zu werden brauchte, sondern das Wasser selbst ansaugte. 1920 übernahm die Freiwillige Feuerwehr das komplette Feuerlöschwesen, da die Pflichtwehr zu diesem Zeitpunkt ihren Dienst einstellte.

Ein neuer Abschnitt in der technischen Ausrüstung der Cappelner Wehr begann 1943, als die alte Handdruckspritze durch ein Löschfahrzeug mit Anhänger und Tragkraftspritze abgelöst wurde. Durch die Motorisierung war es nun auch möglich, im Rahmen der Feuerwehrbereitschaft Wittlage in den durch Kriegseinwirkungen stark in Mitleidenschaft gezogenen Städten Osnabrück und Bielefeld Brände zu bekämpfen. Bei Kriegsende gelang es dank der Findigkeit und dem Geschick des Ortsbrandmeisters und des Maschinisten, das Fahrzeug zu retten, so dass es noch bis 1957 benutzt werden konnte. 1959 kam eine neue Tragkraftspritze hinzu, die bis heute ihren Dienst versieht. Daneben konnte 1951 das Gerätehaus instandgesetzt und durch Holzspenden einiger Waldbesitzer ein Trockenturm errichtet werden. Anlässlich ihres 75-jährigen Bestehens richtete die Freiwillige Feuerwehr Ostercappelns das Kreisfeuerwehrfest von 1963 aus.

Damals hieß es im Wittlager Kreisblatt in einer Art Bilanz unter die Entwicklung und Tätigkeit der Feuerwehr des Ortes: *„Die wesentlichen Stationen in der Entwicklung der Cappelner Wehr sind allerdings nur unvollkommen ohne die Namen der Männer, die der Wehr als Hauptmänner oder Ortsbrandmeister vorstanden. Seit 1903 lag das Geschick der Wehr in den Händen folgender Männer: 1903 bis 1910 Gustav Huntemann; 1910 - 1926 Fritz Uhlenbrock; 1926 - 1930 Heinrich Knollmeyer; 1930 - 1948 Johannes Rehme; 1948 bis 1950 Josef Uhlenbrock; seit 1950 Bernhard Voß. Der Blick in die Vergangenheit des Feuerlöschwesens in Ostercappeln gibt Anlass, auch einmal die Wünsche und Notwendigkeiten für die Zukunft aufzuzeigen. Gerade in Ostercappeln wird an die Feuerbekämpfung im Ernst-*

falle große Anforderungen gestellt. Einmal aus der dichten Bauweise des alten Ortskernes heraus, zum anderen aber auch, und dies darf bei den zukünftigen Planungen nicht außer Acht gelassen werden, weil in Ostercappeln sich ein großes Krankenhaus befindet, das durch die besten technischen Voraussetzungen gesichert werden muß. Die Freiwillige Feuerwehr in Ostercappeln hat aus diesen gewichtigen Gründen ein großes Interesse daran, ihre Ausrüstung zu vervollkommnen und zu verbessern. An erster Stelle wird in diesem Zusammenhang ein Tanklöschfahrzeug gewünscht. Daneben muß allerdings auch an Unterkunftsmöglichkeiten, Geräte- und Unterrichtsraum, an einen Gerätewart und eine Wohnung für diesen gedacht werden. Sicherlich werden sich diese Wünsche der Cappelner Wehr nicht von heute auf morgen erfüllen lassen, berechtigt sind sie aber. Die Unterhaltsträger der Wehr werden nicht umhinkommen, die Ausrüstung eines Tages zu modernisieren, wenn dies auch viel Geld kosten mag, es sollte dabei bedacht werden, daß alle die gewünschten Dinge nicht Selbstzweck sind, sondern der Feuerwehrmann mit ihnen den Nächsten vor Schaden und Gefahr bewahren möchte."

Auf dem 29. Kreisfeuerwehrtag in Ostercappeln war ein historischer Umzug zu sehen, bei dem im Mai 1963 einige Gerätschaften älteren Datums präsentiert wurden. Der große Festumzug in den frühen Nachmittagsstunden des Sonntags stellte alles in den Schatten, was der „umzuggewohnte" Ort bisher erlebt hat. Nachdem Oberkreisdirektor Nernheim zusammen mit Kreisbrandmeister Greger die lange Front der angetretenen Blauröcke abgeschritten hatte, setzte sich unter klingendem Spiel ein mehrere hundert Meter langer Zug durch die festlich geschmückten Straßen der Ortschaft in Bewegung. Etwa 600 Feuerwehrmänner aus 22 Wehren des Kreises Wittlage und der Nachbarkreise bildeten den ersten Teil des imposanten Zuges. Mit großem Interesse wurde von der unübersehbaren Zuschauermenge der zweite Teil des Festumzuges aufgenommen, der auf die Historie dieses Tages hinwies. Eine mit Pferden bespannte alte Handdruckspritze von der Freiwilligen Feuerwehr Wehrendorf aus dem Jahre 1885, gefahren und bedient von Feuerwehrmännern in historischen Uniformen, bildete den Beginn dieses eindrucksvollen Entwicklungsbildes auf dem Gebiet des Feuerlöschwesens. In alte Handwerkertrachten gekleidete Mitglieder der Jubiläumswehr, bewaffnet mit Einreißhaken und Ledereimern, wiesen auf die weit zurückliegende Zeit hin, als alle männlichen Bürger die Pflicht zur Brandbekämpfung hatten. Es folgte die erste Motorspritze des Kreises Wittlage, mit der in den zwanziger Jahren die Wehr aus Bad Essen ausgerüstet wurde. Daran schloss sich ein Löschfahrzeug LF 8 an, und den Abschluss der beeindruckenden Präsentation bildete ein modernes Tanklöschfahrzeug, damals noch Traum und Zukunftswunsch vieler Wehren. Gleich nach der Ankunft des Festumzuges auf dem Sportplatz begannen die interessanten Demonstrationen, die von vielen der zumeist unkundigen „Zivilisten" staunend verfolgt wurden. Die veranstaltende Wehr hatte sich in ihren Vorbereitungen alle nur erdenkliche Mühe gemacht, um auch die Voraussetzung für zünftige Löschübungen auf dem hochgelegenen Sportplatzgelände zu schaffen.

Das „Klösterchen", Keimzelle des St. Raphael-Stiftes.

Gesamtanlage des Krankenhauses um 1958, mittlerweile ausgebaut zum Krankenhaus mit chrirugischer Abteilung für den Landkreis Wittlage.

Kirmes und Karneval

Aus dem katholischen Lebenszusammenhang heraus haben sich in Ostercappeln zwei feste Größen des Dorflebens gebildet, die bis heute hin tragen: die Tradition der Kirmes und die des etwas jüngeren Karnevals. Der jährliche Kirmes im September steht dabei in einem engen Zusammenhang mit dem alten Marktwesen des Ortes. Wie eine Durchsicht der Akten im Niedersächsischen Staatsarchiv Osnabrück zeigt, lässt sich diese bis ins Jahr 1666 zurückverfolgen. Aus dieser Zeit stammt die erste urkundliche Erwähnung eines Marktes in Ostercappeln; für die Ortschaften Hunteburg und Venne verzeichnet das Dokument, das vom Amt Wittlage ausgestellt ist und vom 3. September 1666 stammt, immerhin das Abhalten von „Kirchmeßen". „Auch Sambstag nach Lamberti wird daß Viehmarkt in dem Wigbolt Ostercapeln gehalten, so pflegen sich aber wenig Leute da selbst anzufinden, folgenden Sontags ist die Kirchmeß, wohbey nur Kramer aus der Stadt Osnabrück sich einzufinden pflegen". Die Märkte selbst müssen allerdings älteren Datums sein. Wann erstmals Märkte in Ostercappeln abgehalten worden sind, lässt sich nicht mehr genau ermitteln. Das Dokument von 1666 verzeichnet für Ostercappeln noch ein Nebeneinanders von Viehmarkt und Kirchmeß. Das Kirchmeß-Fest, das ursprünglich an die Kirchweih erinnerte, war eine jährlich wiederkehrende Feier zum Gedächtnis der Stiftung und Einweihung dieser Kirche: Im Anschluss an den religiösen Teil des Festes fand ein weltliches Schmausen mit Essen und Trinken statt. Aus der Tatsache, dass diese beiden Marktformen später von einer allgemeinen Kirmes in Form eines Jahrmarktes abgelöst worden sind, können wir die Entwicklung von Märkten hin zu dem heutigen Vergnügungsfest ein Stück weit nachvollziehen.

Als gegen Ende der 1950er Jahre Märkte nach den mageren Nachkriegsjahren wieder vermehrt Zuspruch fanden, herrschte auf der Großen Straße wieder ein unübersehbares Gewimmel. Der Ortskern wurde hermetisch für Kraftfahrzeuge abgesperrt - alles bereitete sich auf das Kirmesfest vor. Und schließlich wurden in den Nachmittags- und Abendstunden die Karussells in Bewegung gesetzt, um mit „heißen" Rhythmen oder sanfter Musik die Fahrgäste in das Reich der Schwerelosigkeit zu entführen. Drei Abende lang war der Marktplatz dann in ein buntes Lichtermeer getaucht. Und wenn das Wetter auch nur einigermaßen mitspielte, konnten die Aussteller auf zahlreiche Besucher aus dem gesamten Kreisgebiet hoffen, denn die „Cappelner Kirmes" hatte sich weit über den Ortsrand hinaus einen Namen gemacht. Und wer neben den Belustigungen in den Straßen der Ortschaft noch weitere Vergnügen suchte, konnte am Sonntagnachmittag im Hotel „Rahenhof" ein Nachmittagskonzert oder am Abend den Kirmesball besuchen. Wenn sich die Kirmes mit spätsommerlichem Wetter traf, strömte in jenen Jahren eine kaum übersehbare Menschenmenge auf der Großen Straße und dem Marktplatz. Auf der Großen Straße und dem Marktplatz reihten sich Karussells, Losbuden, Schießbuden, Würstchen- und Verkaufsstände aneinander und boten, was das Herz begehrte. Die große Attraktion der Kirmes 1962 war eine riesige „Monza-Bahn", die von der Jugend dicht belagert wurde - ein Rund, in dem man sich ungestraft dem Geschwindigkeitsrausch hingeben durfte. Das Karussell machte seinem Namen alle Ehre, denn die Wagen rasten damals bereits mit einer Geschwindigkeit über die Planken, dass dem Gast Hören und Sehen vergehen konnte.

Doch waren nicht alle begeistert über diese Entwicklung. So mancher sah in dem neuen Trend zum Jahrmarktsvergnügen das Ende des alten Volksfests gekommen, das seit Alters her zu den Höhepunkten aller geselligen Veranstaltungen Ostercappelns gehörte. Anderen hingegen wurde die neue Entwicklung nicht konsequent genug fortgesetzt in Richtung moderne Volksbelustigung, wie eine Stellungnahme aus dem Wittlager Kreisblatt von 1963 zeigt:

„Wenn sich auch in den letzten fünfzig Jahren der Charakter der jahrhundertealten Verkaufsmesse wandelte und mehr und mehr die Züge einer Belustigung annahm, die Cappelner Kirmes behielt ihre Anziehungskraft, auch weit über die Ortschaft hinaus. Verfolgt man allerdings die Entwicklung während der letzten Jahre, so kann man sich des Gefühls nicht erwehren, daß die Kirmes in Ostercappeln langsam aber sicher zu Grabe getragen wird. Dabei muß mit aller Deutlichkeit gesagt werden, daß dies nicht an einem Desinteresse seitens der Bevölkerung liegt; denn auch am Sonntagnachmittag drängten sich die Menschenmassen auf der Großen Straße. Die Kommentare der vielen Besucher waren allerdings bezeichnend. Niemanden hielt es lange auf diesem Rummel, der so gar nicht dazu angetan war, alt und jung echte Kurzweil und fröhliche Stimmung zu bieten. Die Enttäuschung war offenkundig! Es sollte den Organisatoren der Cappelner Kirmes doch wohl klar sein, daß wir heute nicht mehr im Jahre 1910 leben. Mit einem einzigen Kinderkarussell wird man auf die Dauer niemanden hinter „dem Ofen hervorlocken" können, auch dann nicht, wenn die fütternde Pracht, die bunten Pferdchen und Traumschwäne mit heißen Twist-Rhythmen überschüttet werden. Und auch was sich neben dem Kinderkarussell bot, war mehr als dürftig. Man greift seitens der Organisation gern zu der Entschuldigung, der Platz auf der Großen Straße reiche nicht aus, um mit großen Attraktionen aufzuwarten. Dem sei entgegengehalten, daß vor drei Jahren dort noch drei Karussells Platz hatten, wo heute nur noch eins seine Runden drehte. Dabei stand in diesem Jahr durch den Abriß der alten Schule weit mehr Platz zur Verfügung, als in den vorangegangenen Jahren.

… Über die Cappelner Kirmes wäre in diesem Jahre nichts zu berichten gewesen. Es geschah aber dennoch, weil es noch nicht zu spät ist, der einzigen Kirmes im Kreis Wittlage neue Impulse zu geben."

So präsentiert sich das St. Raphael–Krankenhaus heute als Bestandteil der Niels–Stensen–Kliniken dem Patienten und Besucher.

Der Kirchplatz Ostercappelns ist ein Ort der Ruhe und Gelassenheit. Rund um den Kirchplatz finden sich viele hübsch restaurierte Bauwerke mit kleinen Läden und Gastronomie.

Wenn der „Cappelner Kirmes" ruft, füllt sich der Kirchplatz mit Marktbuden, Karussells und bunten Ständen.

Dann übernehmen Spaß und Vergnügen das Kommando auf dem Kirchplatz, und es geht hoch her an den Fahrgeschäften.

Was den Münchnern ihr Oktoberfest und den Hamburgern ihr „Dom", das ist für die Ostercappelner ihre Kirmes. 1963 war die Ostercappelner Kirmes das letzte verbliebene Fest diesr Art im Wittlager Land. Über 20 Schießhallen, Würstchenbuden, Verkaufsstände und Karussells boten wie im Vorjahr ein buntes Programm, und die Kirmes demonstrierte einmal mehr - trotz aller Kritik - ihre Anziehungskraft. Ein „Hit" dieser Zeit war ein Karussell namens „Flying school" (Fliegende Schule), das damals zu den letzten Errungenschaften der „Vergnügungstechnik" gehörte. Seither folgte ein 50-jähriges Auf und Ab des Kirmes- und Jahrmarktswesens, und auch heute noch bildet die Ostercappelner Kirmes neben dem Bohmter Markt und dem Hunteburger Ponymarkt einen von drei Märkten, die im Wittlager Land die Tradition des ländlichen Marktwesens fortsetzen und sich nach wie vor großen Zuspruchs erfreuen.

Nicht ganz so alt, und dennoch eng verbunden mit der Ort ist der Ostercappelner Karneval. Die Gründung eines karnevalistischen Gesellschaft geht in Ostercapelln auf das Jahre 1866 zurück, als aus dem damaligen „Wissenschaftlichen Club" und dem „Club Fidelitas" der Ostercappelner Karnevalsverein entstand. Da die Originalgründungs- und Vereinsunterlagen in den Wirrungen von zwei Weltkriegen verloren gingen, sind es allein zeitgenössische Überlieferungen, die dieses Gründungsdatum bestätigen. Von 1897 existiert der Originaltext des Liedes „Prinz Karneval in Ostercappeln" nach der Melodie: „Der kreuzfidele Kupferschmied".

Nachdem die beiden Weltkriege den Karneval in Ostercappeln nahezu zum Erliegen brachten - lediglich Kostüm- und Maskenbälle wurden noch in allen Ostercappelner Gaststätten veranstaltet - erinnerte man sich 1952 an die früheren karnevalistischen Aktivitäten des Ortes. Die Wiederherstellung des aktiven Vereinslebens wurde vor allem durch den Aachener Hans Achilles beeinflusst, der aus seiner Heimat die karnevalistischen Bräuche nach Ostercappeln mitbrachte – und nicht nur die. Als Stadtprinz von Aachen überließ er dem neuen Verein auch die ersten Prinzeninsignien wie Mütze, Zepter, Kette und Prinzenorden. Durch ihn bekam der „Cappelner Karneval" den frischen Wind, der ihn mit dem Schachtruf „Alaaf" schnell wieder auf die alte Erfolgsspur zurück führte. Welche Lebensfreude und welche Erfindungsgabe durch diese Freude immer wieder mobilisiert wurde, zeigte sich schon bald. Seither feiern die Ostercappelner ihren Karneval. Groß und klein waren dann mit Begeisterung dabei.

„Der ganze Ort ist beteiligt. Mit dem Kindermaskenball fing es an. Gegen 14 Uhr waren etwa 200 Kinder in allen möglichen Verkleidungen im Hotel Rahenhof zusammengekommen. Bei Spiel und Tanz verflog die Zeit im Fluge. Zwischendurch wurden die neuesten Ostercappelner Karnevalsschlager vorgetragen und schließlich auch Süßigkeiten verteilt. Um 16 Uhr formierte sich der Festzug. Er fand den ungeteilten Beifall der Zuschauer. Zwei Herolde eröffneten den Zug, gefolgt vom Schwagstorfer Spielmannszug. Schon der erste Festwagen wurde mit verständigem Schmunzeln zur Kenntnis genommen: er spielte auf „Harmeiers Katz" an, eine ortsbekannte Begebenheit. Auch die anderen Festwagen und Gruppen waren Parodien

auf irgendwelche Zustände und Vorkommnisse im Ort. So der Wagen mit dem „Stadtbad",
der hinterdrein marschierende würdige Gemeinderat bekundete eindeutig „Wir sind dage-
gen". Sehr geschmackvoll und ansprechend das Auto mit den Kurgästen im Biedermeierko-
stüm. Aber auch die „Gegenwart" war vertreten. Dazwischen liefen die Kinder in bunten
Gruppen, und Angehörige des Hitzhausener Reitervereins eskortierten den Zug. Der feierlich
eingeholte Bürgermeister und seine Tollität Willy fuhren im Landauer, und den Beschluss
bildete der Elferrat im buntgeschmückten Wagen. Auch Werner Lücke mit seinen Musikanten
war dabei. Überall in den Straßen verbreitete der Festzug Freude, bei den Kleinen vor allem
wegen der Bonbons, die in Fülle auf die Zuschauer niederregneten. Bevor sich der Umzug auf
den Marktplatz auflöste, wurde noch einmal kräftig gesungen und geschunkelt. Am Abend
war dann im Hotel wieder die übliche Fülle. Es war fast unmöglich von einem Raum in
den anderen über zuwechseln. Dabei gab es so viele und schöne Masken, dass es schwerfiel,
zu entscheiden ob Idee oder Ausführung zu bewundern waren. 20 Uhr 11 hielt der Elferrat
seiner Einzug. Dann wurde der neue Prinz proklamiert. Unter dem jubelnden Beifall aller
wurden Kaufmann Arnold Lammerding von dem Zeremonienmeister Hans Achilles die In-
signien seiner neuen Würde übergeben", hat das Wittlager Kreisblatt am 11. Februar 1958
in einem Bericht exemplarisch für die damaligen Ereignisse festgehalten.

Die „tollen Tage" im Februar bilden jedes Jahr den Höhepunkt der Narrenzeit. Dann
ist in Ostercappeln alles hergerichtet für die große Demonstration von Freude und
Frohsinn. Und so traf sich in den 1960er Jahren immer Mittwochs nochmals der Elferrat zu den letzten Vorbereitungen für den Sessionshöhepunkt, der sich aus dem
Festumzug, dem Kinderkarneval und dem Maskenball zusammensetzte. 1963 erhielt
das Narrentreiben durch die damals seit fast zwei Monaten herrschende winterliche
Witterung ein neues Gesicht - mit einiger Sorge hatte der Elferrat die Schneeberge
auf dem Marktplatz betrachtet, die bei dem zu erwartenden Andrang zum Festumzug
hinderlich waren. Ansonsten aber erklärte man sich gerüstet für die kommenden tollen
Tage, um das Narrenschiff mit Kapitän, Seiner Tollität Prinz Hubert, und Steuermann,
Präsident Arnold Lammerding, auch bei stärksten „Eisgang" sicher ins Ziel zu bringen
auf der Marschroute: Bahnhofstraße - Klosterstraße - Krankenhaus -Klosterstraße -
Venner Straße - Gartenstraße - Kirchplatz - Gartenstraße - Venner Straße - Große
Straße - Marktplatz.

Der Festumzug zog auch bei schlechtem Wetter - vor allem aber bei gutem - immer
wieder zahlreiche Zuschauer an die Strecke, die der Zug nahm. Die, die dem bunten
Narrenzug begeistert zujubelten, ließen sich oft nicht mehr nach Hunderten zählen.
Aus dem gesamten Kreisgebiet, aus Osnabrück und Melle kamen Karnevalsanhän-
ger nach Ostercappeln, um hier in der Hochburg des närrischen Treibens einige frohe
Stunden zu verbringen. Die von weit Hergekommenen wurden nur selten enttäuscht.
Denn der Festzug bot stets eine Fülle humorvoller Gestaltung und farbenprächtiger
Narretei.

Das St. Raphael-Stift: Vom Kloster zum Krankenhaus

Der 3. September 1898 war ein außergewöhnlich bedeutsamer Tag für Ostercappeln. Denn genau an diesem Tag kamen die ersten Franziskanerinnen als Ordensschwestern in den kleinen Ort, um das St. Raphael-Stift ins Werk zu setzen. Sie zogen in das kleine Kloster ein, um dort mit priesterlicher Kraft den Segen Gottes für ihr Vorhaben zu erbeten. Bescheiden gingen die Schwestern ihrer anfänglichen Aufgabe nach, der ambulanten Krankenpflege. Sie wachten Nächte hindurch an den Betten Schwerkranker, sie halfen, wo sie helfen konnten, und die Familien im Ort waren von Herzen dankbar darüber. Damals verstanden sich die Schwestern des Ostercappelner Klosters nicht nur auf hunderterlei Hausmittel bei allerlei Krankheiten. Sie bestellten auch in harter Arbeit ihr Garten- und Ackerland.

Im Jahr 1904 wurde am Fest des Erzengels Raphael der kleine Neubau seiner Bestimmung übergeben. In der Jubiläumsschrift zum 50-jährigen Bestehen hieß es später dazu: „... aber nicht so selbstbewußt wie das heutige Gebäude, denn er stellt nur ungefähr zwei Drittel desselben dar." Aber, weit höher, als man vorausgesehen hatte, beliefen sich die Kosten des Neubaus. Die Geldsorgen nahmen überhand. Es kam so weit, dass ernstlich erwogen wurde, den Besitz in Ostercappeln wieder aufzugeben. Schließlich aber fiel die Entscheidung darauf, das Raphaelstift für karitative Zwecke zu erhalten. Und so konnten bereits im selben Jahr 11 erholungssuchende Gäste im Neubau des Stiftes untergebracht werden. 1905 stieg diese Zahl auf 80 und 1906 sogar auf 246. Der gute Ruf des Raphael-Stiftes sorgte dafür, dass immer mehr kränkliche Gäste kamen, und deren Zahl stieg bis auf über 470 pro Jahr. Menschen aus Osnabrück, Münster, Bremen und aus den Städten des Industriegebietes suchten und fanden hier, liebevoll betreut von den Schwestern, Erholung und Gesundung.

Ein weiteres wichtiges Ereignis brachte das Jahr 1909 mit der Einweihung des neuen Krankenhauses mit Isolierraum nördlich des alten Hauses. Schließlich kam das Jahr 1914 und mit ihm die „Mobilmachung" im August. Im Ersten Weltkrieg wurde das Haupthaus zu einem Malteser-Lazarett. Bereits am 9. Oktober trafen die ersten 55 Verwundeten ein, deren Zahl bis zum Jahresende auf 63 anstieg. Dieses Lazarett genoss unter den Soldaten einen ausgezeichneten Ruf. Hier fanden sie neben guter Verpflegung das, was sie an der Front vermisst hatten: das Familiäre und heimatliche Geborgenheit. Nach zwischenzeitlicher Aufhebung von März bis Oktober 1915 wurde das

Lazarett am 31. August 1919 endgültig aufgelöst. In diese Zeit fiel ein Ereignis, das die Menschen in Ostercappeln in Todesschrecken versetzte. Im Jahr 1917 schleppte ein Handwerksbursche die schwarzen Pocken ein. Das Raphaelstift wurde damals von jeglichem Verkehr abgeschnitten, nur das Telefon war die einzige Verbindung zur Außenwelt. Glücklicherweise traten nur acht Krankheitsfälle auf, die alle auf das alte Haus beschränkt blieben. Drei Opfer fanden den Tod, und nach 14 Tagen war die Krankheit besiegt.

Es folgte die Inflationszeit mit allen Sorgen und Nöten, die auch am Stift nicht vorübergingen, es kam die Zeit der Arbeitslosen, von denen sich später noch mancher, der an die „Raphaelspforte" geklopft hattee, an den Gemüsetopf erinnerte, der dort tagtäglich für die Schar der bettelnden Brotlosen gekocht wurde. 1925 verzeichnete das Kurheim St. Rapfael 45-50 Betten und war damit er größte Anbieter von „Sommerfrischen", wie sie in jenen Jahren auch vom Hotel Broermann, Gasthaus Friedenshöhe, Gastwirtschaft Wortmann, Gasthof zur Erholung und Gasthaus Mönter angeboten wurden. Zu Beginn der 1930er Jahre konnte das Raphaelstift trotz seiner drei Häuser die Anforderungen, die Kranke und Erholungssuchende gleichermaßen an das Stift richteten, nicht mehr erfüllen. Das Hauptgebäude musste erweitert werden. Das geschah in den Jahren 1933/34.

Dann kam der Zweite Weltkrieg und mit ihm der große Einbruch in das gewohnte Arbeitsfeld der Schwestern. Denn nach der Zerstörung durch Bombenangriffe siedelte das Städtische Krankenhaus aus Osnabrück mit seiner chirurgischen Abteilung nach Ostercappeln über. Durch die Nähe der Stadt Osnabrück gerieten auch das Raphaelstift und der Ort selbst in immer größere Bombengefahr. Luftschutzmaßnahmen wurden getroffen. Es kam der 13. September 1944 mit dem entsetzlichen Luftangriff auf Osnabrück. Viele Verletzte wurden in Ostercappeln untergebracht. Am 2. November fielen Brandbomben auf das Stift, zum Glück entstand kein größerer Schaden.

Im März 1945 rückte die Front immer näher. Eine Kolonne abrückender Serben wurde am Karfreitag 1945 Zielscheibe alliierter Tiefflieger. Grauenvoll wurde diese Gruppe von den eigenen Verbündeten zugerichtet. 14 Menschen fanden in einem Massengrab die letzte Ruhestätte, in den Fluren des Raphaelstiftes aber stand Trage an Trage mit Verletzten.

Am Ostermontag, den 2. April 1945, stand das Schicksal des Ortes auf Leben und Tod. In diesen Stunden höchster Not rief der damalige Pastor Witte in seiner Messe die Gemeinde zu einem Gelübde auf: „Liebe Mutter Gottes! Wenn du unseren Ort und unsere Bauerschaften vor der Vernichtung des Krieges bewahrst, wenn du unsere Familien vor dem Tode beschützest, dann wollen wir in besonderer Weise deine Festtage heilig halten an den Tagen, an denen sie die Kirche feiert. Das soll uns ein heiliges Gelübde sein ..." Am Abend des nächsten Tages rollten die ersten englischen Panzer in

Ostercappeln ein. Ohne Kampf. Kein Menschenleben wurde ausgelöscht, kein Haus im Weichbild des Ortes beschädigt.

Erst am 7. November 1950 räumten die Städtischen Krankenanstaltung das Oster-cappelner Krankenhaus, so dass es wieder zurück in die Hände der Ordensschwestern fiel, und im Februar 1951 konnten wieder die ersten Patienten aufgenommen werden. Nachdem sich nach der Währungsreform die Zeiten wieder normalisiert hatten, konnte auf dem Gelände des Stiftes ein modernes Wohnheim für die Schwestern seiner Be-stimmung übergeben werden. Jetzt wurde auch der Plan gefasst, das Raphaelstift zum „Kreiskrankenhaus" auszubauen, wobei es die schwierige Frage der Finanzierung zu klären galt. Die Männer, die damals im Kreistag die Verantwortung trugen, wussten um ihre Verantwortung gegenüber den Menschen der Region. Und so kam es zu der Entscheidung, das alte, ursprüngliche Klösterchen, die Zelle des Stiftes gewissermaßen, abzureißen und auf dem Platz ein neues Gebäude zu errichten, das zum einen für die chirurgische und zum anderen für eine Frauenabteilung bestimmt sein sollte. Dieses Haus sollte mit dem Trakt von 1909 verbunden werden - dort befand sich der OP-Saal -, damit die frisch Operierten nicht mehr durch das Freie in ihre Zimmer gefahren werden mussten. Dies bedeutete zugleich eine Aufstockung um etwa 50 Betten. Dem Ausbau von 1958 folgte gut zehn Jahre später der Bau eines neuen Bettentraktes, der dem Krankenhaus 1971 sein neues Gesicht verlieh.

1978 bekam das Krankenhaus eine Abteilung für Intensivmedizin hinzu, mit dem das Krankenhaus Ostercappeln seinen Status aus medizinisches Versorgungszentrum der Region festigen konnte. 1999 wurde die Abteilung für Thoraxchirurgie eröffnet. Sie hat sich zu einem überregional anerkanntem Zentrum für die operative Behandlung thorakaler Erkrankungen etabliert. Jährlich werden über 1.000 operative Eingriffe durchgeführt. Damit ist die Thoraxchirurgie am Krankenhaus St. Raphael größtes ope-ratives Zentrum für thorakale Tumore in Niedersachsen. Inzwischen wird das gesamte Spektrum der thorakalen Erkrankungen behandelt. Hierzu stehen in Ostercappeln modernste Behandlungsverfahren wie ein Speziallaser für Operationen am Lungen gewebe oder das Instrumentarium für minimal invasive videothorakoskopische und videomediastinoskopische Operationen zur Verfügung.

Überall auf dem Marktplatz und dem Kirchplatz finden sich mitten in Ostercappeln heute lauschige Ecken, hier mit Blick auf das Ladengeschäft von J. F. Niemeyer.

Modern angelegter Brunnen auf dem Marktplatz inmitten einer großzügigen Anlagen-gestaltung.

Alte Fassaden erinnern hüsch renoviert an das alte Ostercappeln im Kernbereich des Ortes.

Blick auf die St. Lambertus-Kirche, die alte Vikarie und Fachwerkbauten des Ortskerns von Ostern her.

Die Marienkapelle auf dem Kapellenberg ist im Jahre 1856 eingeweiht worden. Bereits um 1750 befand sich hier eine Ölberggrotte.

Besondere Orte in der Gemeinde Ostercappeln

Die heutige Gemeinde Ostercappeln ist eine Flächengemeinde, die mit der niedersächsischen Gebiets- und Verwaltungsreform 1972 aus der Samtgemeinde Venne mit den bis dahin selbständigen Gemeinden Broxten, Niewedde und Vorwalde, der Samtgemeinde Ostercappeln mit bis dahin selbständigen den Gemeinden Haaren, Hitzhausen-Jöstinghausen, Nordhausen und Ostercappeln sowie der bis dahin unabhängigen Gemeinde Schwagstorf gebildet worden ist. Seither umfasst die Gemeinde Ostercappeln einen Einflussbereich von über 100 km^2, und der Ort gewann als Sitz der Gemeindeverwaltung die Funktion eines regionalen Zentrums zurück, das am 30. Juni 2011 für insgesamt 9.640 Einwohner zuständig war. Im Zuge dieser Entwicklung beschloss der Gemeinderat Ostercappelns, ein Wappen in Auftrag zu geben. Das vom Heraldiker Hans-Heinrich Reclam entwickelte Wahrzeichen ist seit 1976 in Gebrauch. Auf dem silbernen Halbrundschild symbolisieren die quer zur Achse angeordneten acht roten Rauten den Zusammenschluss der acht einst selbstständigen Ursprungsgemeinden. Der schwarze Ring erinnert an das Osnabrücker Rad und lässt sich zudem auch als Anfangsbuchstaben des Gemeindenamens lesen.

Die Gemeinde Ostercappeln gehört zu den ältesten Siedlungsräumen des Osnabrücker Landes und verfügt über einige bedeutsame archäologische Hinterlassenschaften. Die Megalithgräber in Felsen, Driehausen und Darpvenne weisen diese Ortsteile als uralte Wohnplätze aus, die bereits um 2500 Jahre v. Chr. besiedelt waren. Angelegt wurden die „Hünengräber" von sesshaften, Viehzucht und Ackerbau betreibenden Menschen, von deren steinzeitlicher Kultur allerdings kaum etwas bekannt ist. Insbesondere die Darpvenner Megalithgräber bilden einen Ort besinnlicher Entspannung, da sie als archäologische Außenanlage gestaltet worden sind mit Zäunen und Plätzen, die zum Nachdenken über die Steinzeitkultur einladen. Ganz in der Nähe in Vehrte befinden sich mit dem „Süntelstein" und „Teufels Backofen" sowie „Teufels Teigtrog" weitere interessante steinzeitliche Relikte. Zur Anlage in Darpvenne gehören insgesamt drei Grabstätten. Die als Kulturdenkmal eingestuften Hünensteine haben durch ihre Neugestaltung den Erlebniswert der jungsteinzeitlichen Grabanlage nicht nur deutlich gesteigert, sondern auch eine sichere Zuwegung bekommen. In der Anlage kommen Landschaftszaunelemente aus Weidengeflecht zum Einsatz, wie sie sich auch am nahegelegnen Darpvenner „Eisenzeithaus" finden. Anpflanzungen von Zaubernuss, Ilex und Buchen bereichern die Anlage, die aus drei gut erhaltene Großsteingräber besteht und an der Straße von Schwagstorf nach Borgwedde liegt. Bei Grabungen sollen hier im Jahr 1807 unter anderem 124 Tongefäße, 16 Steinbeile, 38 querschneidige Pfeilbewehrungen sowie Bernsteinperlen gefunden worden sein. Ganz in der Nähe der Megalithgräber in Venne und Schwagstorf wurden im Großen Moor die ältesten Bohlenwege der Welt entdeckt, die eine menschliche Besiedlung bis ins Jahr 4835 v. Chr. zurückverfolgen lassen und eine frühe Anwesenheit des Menschen rund um das Moor belegen.

Einige Kilometer weiter oberhalb auf dem Rücken des Wiehengebirges befinden sich im Boden die Reste einer vorrömisch-eisenzeitlichen Siedlung. Die „Schnippenburg" (Bauzeit: 278 bis 258 v. Chr.) war ein befestigter Ort mit zentraler Bedeutung. Von 2001 bis 2004 hatten Grabungen dort eine außergewöhnliche Bandbreite von Funden erbracht: Von Werkzeugen und Waffen über Schmuckstücke bis hin zu Glas- und Bernsteinperlen reichte das Spektrum der Fundstücke. Bei deren Analyse fielen deutliche Hinweise auf intensive Kulturkontakte nach Westfalen und in den keltischen Raum auf, ebenso wie die Spuren einer zeitweisen Besiedlung die Forscher überrascht hatten. Auch die Anzeichen von lokaler Eisenverhüttung und Weiterverarbeitung machten die Schnippenburg einzigartig. Damit unterschied sich die Burganlage von allen bisher bekannten Befestigungsanlagen im Mittelgebirgsraum. Inzwischen gilt es als erwiesen, dass es hier um eine Befestigungsanlage handelte, in der Metallverarbeitung auf höchstem Niveau betrieben wurde. Datiert wird das im Wiehengebirge zwischen Schwagstorf und Ostercappeln gelegene Gelände der Schnippenburg in die vorrömische Eisenzeit des 3. und 2. vorchristlichen Jahrhunderts. Bei den Ausgrabungen wurden über 1500 Fundstücke gezählt, darunter Sensen, Sicheln und Messer, Tüllenbeile, Lanzenspitzen, Kettenfragmente und Beschläge. Daneben kamen aber auch mehrere Bronzedepots ans Licht. Sie enthielten Schmuckstücke wie vier massive und einen hohlgegossenen Armreif, Bronzefibeln, Überreste von Scheibenohrringen und anderen Schmuck: Schatzfunde, die möglicherweise bei kämpferischen Auseinandersetzungen in aller Eile verborgen wurden. Den Fundstellen nach zu urteilen sind diese Depots in kleinen von Hand eingetieften Mulden abgelegt worden. Ebenso scheint es dass die Bohlenwände der Befestigungsanlage um das Jahr 110 v. Chr. systematisch eingeäschert wurden.

Neben dem Bronzeschmuck hat die Archäologen vor allem die Vielzahl der Eisenfunde überrascht, die auf eine lokale Werkstatt am Nordhang des Wiehengebirges hinweisen. Hier sei das in der Region vorkommende Raseneisenerz verhüttet und geschmiedet wurde, so ihre These. Damit bekommt das Bild der kulturlosen Germanen eine neue Farbe, nicht zuletzt auch deshalb, da er einige Funde keltischen Einfluss zeigen, während andere auf Verbindungen ins nördliche Westfalen und nach Nordwestdeutschland hinweisen. Wer vor über 2000 Jahren auf der Schnippenburg dauerhaft lebte und arbeitete, ist bislang jedoch im Verborgenen geblieben. Gut 100 Jahre nach ihrer vermutlichen Brandschatzung zog Publius Quinctilius Varus mit seinen Legionen nördlich der Schnippenburg vorbei, auf dem Weg in die entscheidende Schlacht von Kalkriese, in der Germanenführer Arminius 9 n. Chr. die römischen Truppen des Feldherrn vollständig aufgerieben hat. Dies jedenfalls ist das vorläufige Resultat einer über 400 Jahre dauernden Suche nach dem Ort, an dem Arminius die Römer besiegt und damit wohl auch eine römische Besetzung Germaniens verhindert hat. Und es sieht mittlerweile so aus, als ob mit Kalkriese das Gelände der Schlacht gefunden wurde, auf

Das 1976 eingeführte Wappen der Gemeinde Ostercappeln symbolisiert mit seinen roten Rauten die acht Ursprungsgemeinden des neuen Verwaltungsgebildes.

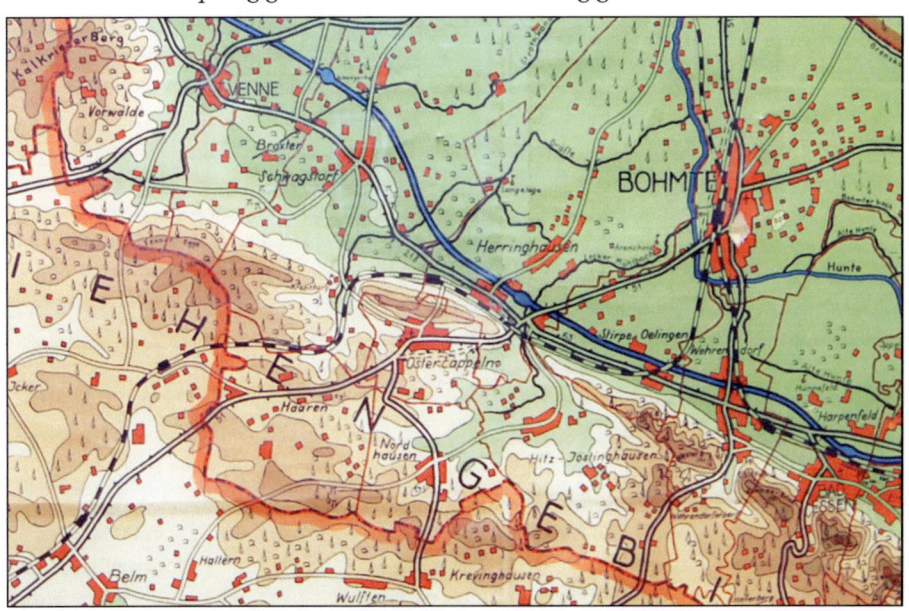

Übersicht über die ehemaligen Gemeinden Ostercappelns auf einer alten Schulkarte des Landkreises Wittlage aus den 1960er Jahren.

dem drei römische Legionen vernichtend geschlagen wurden. Der Weg des Varus und seiner Legionen dürfte zuletzt durch die Gemeinde Ostercappeln geführt haben, da die Römer von Osten her kamen. Archäologische Funde in der Kalkrieser und Niewedder Senke verweisen auf das antike Schlachtfeld der Varusschlacht.

Gut 1000 Jahre weiter finden sich erste urkundliche Hinweise auf die heute noch bestehenden Ortschaften. So werden Schwagstorf und Felsen 1090 als „Svavasthorp" und „Velzeten" anlässlich einer Hofübertragung an den Bischof von Osnabrück erwähnt. Die Bauerschaften Schwagstorf und Felsen mit den Ortsteilen Driehausen und Horst bildeten im Mittelalter das Gemeinwesen. Ab 1335 gehörte Schwagstorf zum Kirchspiel Ostercappeln, wobei die Markgemeinde unter den territorialen Auseinandersetzungen zwischen den Bistümer Osnabrück und Minden sowie zwischen Ravensburg und Diepholz mehrfach zu leiden hatte. Deshalb sicherten die Osnabrücker Bischöfe den Grenzraum in der Bruchlandschaft durch den Bau von Ministerial- und Rittersitzen. Als Schutzwall wurde zudem Mitte des 15. Jahrhundert die 2,5 km lange Schwagstorfer Landwehr errichtet. In Schwagstorf lebten im Jahre 1770 etwa 700 Einwohner. 1871 zählte Schwagstorf dann 1.442 Einwohner, 1972 notierte man nur noch 809, und 2011 waren dort schließlich 1.973 Personen mit Haupt- und Nebenwohnsitz gemeldet.

Venne und seine Mühle wurde erstmalig in einer Urkunde aus dem Jahr 1074/1087 erwähnt, wobei der Ortsname „veni" auf einen Ort in einer sumpfigen Niederung verweist. Die drei Bauerschaften Niewedde (1050), Vorwalde (1343) und Broxten (1169) bildeten im Mittelalter die Vogtei Venne. Auf den Gründen des Meyerhofes in Vorwalde wurde eine Pfarrkirche errichtet, die sich ab 1273 zum kirchlichen Mittelpunkt der Vogtei Venne entwickelte. Die Reformationszeit und der 30-jährige Krieg führen in Venne zur Verbreitung des lutherischen Glaubensbekenntnisses, und die Walpurgis-Kirchengemeinde wurde im Zuge der Vereinbarungen des Westfälischen Friedens von Münster und Osnabrück von 1650 an als evangelisch-lutherische Gemeinde geführt. 1847 ersetzte die heutige Walburgiskirche das Vorgängergebäude. Unter der Herrschaft Napoleons im Fürstentum Osnabrück (1807-1813) wurde auf Geheiß der Franzosen die Mairie Venne im Kanton Ostercappeln gegründet. Ab 1860 bildete sich dann aus den Markgemeinden Broxten, Niewedde und Vorwalde die Samtgemeinde Venne, die mit der Verwaltungsreform von 1972 in die Gemeinde Ostercappeln des Landkreises Osnabrück eingegliedert wurde. Von 650 Einwohnern im Jahr 1650 stieg die Bevölkerung auf 1.841 im Jahr 1871, und 1972 waren es noch 1.265 Personen, die in einem der drei Ortsteile gemeldet waren, eine Einwohnerzahl, die bis 2011 wieder auf nunmehr 3.043 angestiegen ist.

Venne und Schwagstorf bieten der Gemeinde Ostercappeln heute nicht nur touristisch verwertbare museale und archäologische Sahnestücke, sondern auch wichtige wirtschaftliche Impulse mit dem Ferizeitpark Kronensee, dem Golfsplatz Varus und der weltweit tätigen Waffelfabrik Meyer zu Venne, die ebenso wie die übrigen Betriebe dieser Ortschaften auch für die gewerbliche Entwicklung der Gemeinde von Belang sind.